UN ŒIL SUR

L'exploration de l'espace

Auteur :

Jean-Pierre PENOT, *ingénieur et vulgarisateur à la Direction de la communication externe, de l'éducation et des affaires publiques du CNES.*

L'auteur et l'éditeur remercient Orianne Arnould et Marie-Claire Fontebasso de la société Espace Diffusion (Toulouse) pour l'aide précieuse apportée au cours de la recherche iconographique.

cnes
CENTRE NATIONAL D'ÉTUDES SPATIALES

pemf

Sommaire

L'HOMME ORBITAL

L'espace fascine : après y avoir envoyé des objets plus ou moins robotisés, puis des animaux, l'Homme n'a pu se retenir d'y aller lui-même.

Il y a découvert des conditions de vie difficiles, un état physique insolite, l'impesanteur, mais propice à des expérimentations originales. Du haut de son « perchoir », sa planète lui est apparue sous un jour nouveau.
Et il a certainement lorgné, avec convoitise, les profondeurs obscures et glaciales du système solaire...

Bien qu'amorcée il y a moins de cinquante ans, l'exploration de l'espace est déjà riche d'une histoire faite de pionniers, de grandes premières, d'exploits, de prouesses techniques, d'audace, de courage et de drames...

L'exploration de l'espace

Les clichés ont la vie dure... Pour certaines personnes, la ruée vers l'espace a pris fin il y a plus de trente ans, après les expéditions sur la Lune. Pour d'autres, les satellites serviraient essentiellement à prendre les images illustrant la rubrique météo des journaux télévisés et à acheminer, tout autour de la Terre, les conversations téléphoniques et la télévision. Quelle vision limitée !

Une station orbitale (ici, *Mir*, en 1999, à 400 km d'altitude) offre une vue exceptionnelle sur notre planète.

Plus de 400 satellites artificiels
sont en fonctionnement
autour de la Terre.

Sait-on qu'en ce moment même des sondes spatiales sont à l'œuvre dans le système solaire, à des millions de kilomètres d'ici, près de Mars ou de Saturne ? Que les déplacements d'un millier d'animaux sont suivis régulièrement par satellites ? Que des satellites comme *SPOT* ont engrangé des millions d'images de la Terre et qu'ils continuent à le faire ? Que ces images servent à fabriquer des cartes géographiques, tracer des autoroutes, construire des barrages, répartir les indemnisations après certaines catastrophes naturelles, implanter des relais pour nos téléphones portables ? Que, depuis novembre 2000, des hommes et des femmes se relaient dans la Station spatiale internationale ? Que des satellites participent à la navigation des avions et des navires, gèrent la circulation des taxis et des autobus de certaines villes, donnent leur position précise à des randonneurs ou des soldats en opération ? Que, grâce à la technique spatiale, le relief des océans est connu au centimètre près, que les courants marins et les tourbillons océaniques commencent à livrer leurs secrets ? etc.

La planète Terre.

Les travailleurs de l'espace.

Certes, les activités humaines dans l'espace sont nées, au milieu du XXe siècle, de l'affrontement idéologique, politique, économique et technique des deux grandes puissances d'alors, l'URSS et les États-Unis. Mais le monde a changé. Et si les motivations belliqueuses sont toujours largement présentes, d'autres préoccupations ont vu le jour. Aujourd'hui, on fait appel aux outils spatiaux pour répondre aux besoins du XXIe siècle : surveiller et protéger la planète, gérer ses ressources naturelles (forêts, eau...), connaître la qualité de son atmosphère, lutter contre les pollutions, prévenir les risques de catastrophes naturelles, etc.

Autant de tâches qui s'ajoutent aux objectifs scientifiques « traditionnels » de la recherche spatiale : accroître les connaissances, comprendre le phénomène de la vie (sur Terre et ailleurs), chercher les origines de l'Homme, étudier son évolution et sa place dans l'Univers.

Satellite brésilien, à Kourou (Guyane), quelques jours avant son lancement.

AU-DELÀ DE L'ATMOSPHÈRE

Habitants de la Terre, nous sommes les passagers d'une énorme boule solide lancée, à vive allure, dans des immensités quasi vides : l'espace.

Mais cet « espace » n'est pas très éloigné de la surface terrestre : pour le rejoindre, il suffit de traverser l'atmosphère, cette mince couche d'air qui adhère à la planète.

Nous vivons sur un gigantesque caillou

Nous vivons sur un gigantesque* caillou ! Parfaitement ! Les cinq milliards et quelques de Terriens que nous sommes vivent comme « accrochés » à la surface d'une grosse boule solide.

Un caillou isolé dans l'espace...

Et le plus surprenant est que ce « caillou »... ne repose sur rien ! Il circule dans le vide. D'un certain point de vue, nous ressemblons fort à une colonie de fourmis égarées sur un ballon de football qu'un violent coup de pied aurait propulsé dans les airs.

Il nous est très difficile de prendre conscience de cette situation insolite car nous n'éprouvons aucune sensation de déplacement. Nos yeux auraient plutôt tendance à nous faire croire, comme à des milliards d'hommes avant nous, que la Terre est immobile. Mais les sens sont trompeurs... Et c'est tout le mérite de la réflexion scientifique et de l'étude de la nature de nous avoir conduits à découvrir la « vérité ».

Dessin extrait de *Qu'est-ce que la théorie de la relativité* (Éditions Mir, Moscou, 1967).

* Gigantesque à notre échelle, mais minuscule si on le compare aux dimensions de l'Univers.

L'étoile nommée Soleil et son cortège de neuf planètes.

... qui gravite...

Mais ce « caillou » sur lequel notre espèce se perpétue depuis si longtemps, que fait-il dans le vide ? Comment tient-il ? Il ne « tient » pas, il tombe ! Vers où ? Nulle part... Il gravite *(voir page 19)*, c'est tout. C'est d'ailleurs là un comportement tout à fait naturel, universel. Tous les corps célestes font de même.

Examinons le cas de la planète Terre. Elle tourne sur elle-même et, en même temps, se déplace autour d'une grosse boule lumineuse (une étoile qu'on a dénommée Soleil). Une force invisible, très puissante, la gravité, est responsable de cet assemblage.

Le Soleil, quant à lui, se déplace également très rapidement parmi une multitude d'autres étoiles qui constituent ce qu'on appelle une galaxie. Plus loin, d'autres galaxies tournent, s'éloignent, etc. Mais arrêtons-là cette description à donner le vertige.

... et qui attire

Courons-nous le risque de « tomber » de la Terre ? Absolument pas car notre planète (comme tous les corps célestes de grandes dimensions) possède une propriété extraordinaire : elle nous retient à sa surface ! Si fortement d'ailleurs que, pour s'en éloigner durablement, il est nécessaire d'utiliser des machines volantes (montgolfières, avions, etc.).

L'espace, un monde proche...

Telle est la réalité de notre condition : nous sommes les passagers d'un énorme bolide qui parcourt l'Univers à une vitesse* fantastique !

Mais quel est notre environnement immédiat ? À quoi ressemble le cadre naturel qui abrite l'espèce humaine depuis quelques millions d'années ?

L'atmosphère permet et protège la vie

Sur Terre, le seul milieu qui nous soit favorable, c'est l'atmosphère, cette immensité gazeuse dans laquelle nous baignons. Notre organisme y puise l'oxygène dont il a impérativement besoin. L'atmosphère enveloppe le globe terrestre : notre vie se déroule donc au fond d'un océan d'air.

Comparée aux dimensions de la Terre (diamètre : 12 800 km environ), son épaisseur est très faible : une centaine de kilomètres seulement, si on ne considère que sa partie la plus dense. Par sa géométrie, la pellicule atmosphérique est à la Terre ce que la peau d'une pomme est à la pulpe qu'elle contient.

La nuit, lorsque le Soleil a disparu derrière l'horizon, le ciel est noir. L'atmosphère est invisible. Sa présence n'est trahie que par le léger scintillement des étoiles.

Le jour, par contre, cette masse gazeuse s'illumine sous les rayons du Soleil, elle se colore de bleu... ce qui nous dissimule le noir de l'espace.

C'est à cette mince enveloppe atmosphérique** que nous devons la vie : d'une part, elle assure les échanges gazeux vitaux, d'autre part, elle nous protège des agressions extérieures (radiations mortelles, chaleur solaire excessive, météorites...). Longtemps les activités humaines se sont cantonnées à l'intérieur de ce cocon protecteur, seul milieu propice à notre forme de vie.

Et au-delà de l'atmosphère ?

Qu'y a-t-il au-delà de l'atmosphère ? Rien ou si peu... C'est pratiquement le vide ! Il faudrait aller très loin pour rencontrer les autres planètes qui tournent, avec nous, autour du Soleil. Et beaucoup plus loin encore pour atteindre les étoiles.

C'est justement ce milieu presque vide, cette immensité extérieure à l'atmosphère terrestre qui a reçu le nom d'espace (sous-entendu espace extra-atmosphérique, différent de l'espace aérien où évoluent avions et ballons). Oui, l'espace commence à une centaine de kilomètres d'ici. Levons les yeux, c'est là-haut, au-delà de l'atmosphère.

L'exploration de l'espace - certains disent la conquête - a été entreprise à partir de 1957. Depuis ont été lancés des milliers d'engins spatiaux à l'intérieur desquels, parfois, des hommes et des femmes ont même eu la hardiesse de s'installer.

Des distances astronomiques

Imaginons une automobile qui aurait le pouvoir de se déplacer en ligne droite, dans le vide, entre la Terre et les autres planètes du système solaire.

Fonçant 24 heures sur 24 à la vitesse de 120 km/h, ce véhicule fantastique parcourrait une distance de l'ordre d'un million de kilomètres par an.

Eh bien, même dans ces conditions incroyables, il lui faudrait... 4 mois pour atteindre la Lune, 40 ans pour Vénus, 80 ans pour Mars, 150 ans pour le Soleil, 630 ans pour Jupiter, 1 300 ans pour Saturne, près de 6 000 ans (!) pour Pluton, la planète la plus éloignée de nous.

Et au-delà ? Le voyage jusqu'à l'étoile la plus proche du Soleil, Proxima du Centaure (distante de 40 000 milliards de km), durerait... 40 millions d'années !

* Représentez-vous la Terre tournant autour du Soleil (à 29,7 km/s) mais également entraînée par lui vers la constellation d'Hercule (à 19,5 km/s) tout en participant à la rotation de la galaxie sur elle-même (soit, pour la Terre, une vitesse de 250 km/s).

** Tout comme nous, elle est retenue près du sol par l'attraction terrestre. D'autres corps célestes, moins massifs (donc moins attractifs) que la Terre, ont fini par perdre leur atmosphère : la Lune en est un exemple.

... mais très différent du nôtre !

L'atmosphère (ici sous la forme d'un ruban bleuté) nous protège des agressions extérieures. Sans elle, la vie ne serait pas apparue sur Terre. Dans le lointain, la Lune.

La vie est née là !

« C'est le premier grand choc ! La Terre est là, au-dessous et en arrière. On vole dans un ciel noir et le sol, plongé dans la nuit, n'est pas très distinct. Mais on y voit des lueurs, de minuscules taches de lumière qui s'éloignent mécaniquement, et un vague halo souligne la rotondité de la planète... On passe les 90 km d'altitude. [...]

La courbure de la planète est maintenant soulignée de la ligne diffuse de l'atmosphère, d'un bleu fragile qui n'est autre que le bleu du ciel vu depuis le sol ; mais vue d'ici elle n'est qu'une pellicule d'une minceur effrayante. La vie est née là ! » (Jean-Loup Chrétien, spationaute, 1982.)

Pour découvrir l'espace, le mieux n'est-il pas d'aller voir sur place ? Laissons de côté, pour l'instant, les moyens pratiques pour traverser l'atmosphère. Supposons qu'une échelle très très haute le permette - c'est totalement imaginaire. Escaladez-la pendant 100 km, prenez place sur la plate-forme fixée à son extrémité, puis regardez autour de vous. Comment est-ce ?

- Il n'y a plus d'air ! L'atmosphère n'est respirable que près du sol et se raréfie quand on s'en éloigne (pensez au masque à oxygène des alpinistes et des pilotes d'avion à haute altitude). Pour survivre dans le vide de l'espace, il faut se réfugier dans une enceinte étanche et y recréer, artificiellement, une atmosphère gazeuse normale.

- Le fond du ciel est noir ! Eh oui, la couleur bleue qui nous est si familière sur Terre, le jour, n'est due qu'à la présence de l'atmosphère que traverse la lumière solaire. Vu de l'espace, le ciel est toujours noir ; et quand le Soleil est visible, il brille sur un ciel tout noir. À présent, le « bleu du ciel » est sous vos pieds.

- Des radiations, des particules et des poussières microscopiques vous bombardent ! Sur Terre, c'est l'atmosphère qui les arrête et les empêche de nous atteindre ; ici, il faut s'en protéger.

- Les écarts de température sont considérables ! Selon qu'une surface est tournée vers le Soleil ou vers l'obscurité, et aussi selon sa couleur, sa température peut passer de + 150 °C à - 150 °C. La climatisation de votre enceinte s'impose.

- Quelle surprise ! Un pèse-personne vous indique que votre poids n'a pratiquement pas varié. Mais alors, l'impesanteur dont tout le monde parle ? Il ne suffit donc pas de se trouver dans le vide de l'espace pour « flotter » comme les spationautes* ? Cela ne vous étonne-t-il pas ?

* *Voir page 14.*

Quel véhicule pour affronter l'espace ?

Le vaisseau spatial

À présent, vous en êtes certainement convaincu(e) : l'espace est un milieu terriblement hostile, tout à fait inhabituel. Néanmoins, pour diverses raisons (sur lesquelles nous reviendrons plus loin), les hommes ont décidé de trouver le moyen d'y envoyer des instruments et, de temps à autre, quelques spationautes*.

Après tout, ce n'est pas la première fois qu'il leur faut affronter un milieu inhospitalier : les océans, les fonds sous-marins, les airs, les régions polaires, les déserts de sable, etc., ont été explorés et sont, aujourd'hui, exploités ou visités.

Certes, pourrait-on rétorquer, mais dans tous les cas il avait suffi de se protéger de l'environnement et, surtout, il avait été possible de prendre appui sur un milieu matériel (l'eau, l'air ou le sol). Dans l'espace, la situation est insolite : on ne peut s'appuyer sur rien ! Quelles devront être les capacités du véhicule exceptionnel permettant d'aller dans l'espace ? Il lui faudra :

- d'une part, se « maintenir » dans le vide. La nature nous apprend qu'il n'existe qu'un seul moyen : être en mouvement, graviter. Ce véhicule sera donc un projectile !
- d'autre part, supporter les rudes conditions décrites précédemment, ce qui impose d'utiliser une enceinte étanche, rigide, blindée, climatisée, etc.

Un engin répondant à ces exigences a été mis au point : c'est le vaisseau spatial**, conçu pour affronter cet océan de vide qu'est l'espace.

Restent à trouver les moyens de le lancer, de le contrôler, au besoin de le rendre habitable, de dialoguer avec lui et, si nécessaire, de le récupérer.

* Les hommes et les femmes qui vont dans l'espace sont appelés ***cosmonautes*** par les Russes, ***astronautes*** par les Américains et les Européens et ***spationautes*** par les Français.
En fait, ces termes sont synonymes.

** Ce terme est pris ici dans un sens très large. Il désigne tous les types de véhicules gravitant dans l'espace : satellites artificiels, sondes, capsules et stations spatiales, navettes, etc.
Remarquons au passage que la Terre a toutes les caractéristiques d'un vaisseau spatial naturel. D'un certain point de vue, nous sommes tous spationautes !

Depuis 1967, la Russie utilise ce type de vaisseau (*Soyouz*) pour transporter les hommes et les femmes entre la Terre et l'espace.

Une construction délicate

Construire un satellite capable de fonctionner sans panne, pendant des années, dans un environnement très « agressif », n'est pas une mince affaire !

C'est à un personnel très qualifié et extrêmement méticuleux qu'est confié ce travail. L'assemblage proprement dit a lieu dans des locaux spécialement aménagés, climatisés et d'une propreté exceptionnelle, appelés *salles blanches.*

On n'y pénètre qu'après avoir revêtu une tenue adaptée (blouse, bonnet, gants et bottillons). En effet, on redoute plus que tout les poussières, les cheveux, les cils et même la peau morte, qui risqueraient de dégrader les composants et les mécanismes délicats des satellites.

Le montage et la vérification (ce que les spécialistes appellent *l'intégration*) d'un seul satellite peuvent durer deux ou trois ans.

Le satellite français *SPOT 4* en essais à Toulouse.

EN ROUTE POUR L'ESPACE !

Tout objet lancé en l'air retombe naturellement sur le sol : la gravité s'oppose à toute évasion de la Terre. Pour la vaincre et atteindre l'espace, de puissantes machines, les fusées, ont été inventées. Au prix de judicieuses manœuvres, les objets ainsi arrachés à la Terre ont même pu entreprendre une longue course effrénée autour de la Terre, véritables lunes artificielles, ou dans le système solaire.

Comment accéder à l'espace et s'y maintenir

Seul un vaisseau spatial est capable de circuler et de fonctionner dans l'espace qui nous entoure. Mais comment « hisser » un engin pesant le plus souvent quelques tonnes à l'altitude souhaitée ? Et comment l'empêcher de retomber aussitôt sur terre ?

Tirer parti de la chute des corps

La vie quotidienne nous le rappelle sans cesse : tout objet lancé en l'air (ou simplement lâché) tombe vers le sol. Dès lors, comment oser rêver d'un lourd et volumineux vaisseau spatial qui se maintiendrait durablement dans le vide de l'espace ?

La solution, véritablement géniale, a été fournie, à la fin du XVIIe siècle, par le physicien anglais Isaac Newton. Après avoir étudié le comportement de la Lune (notre satellite naturel), il avance l'idée qu'on peut la doter de compagnons artificiels.

Imaginons, propose-t-il, un canon placé sur une hauteur : dans certaines conditions, les boulets tirés pourraient ne pas retomber sur le sol mais devenir des satellites artificiels de la Terre !

Illustration du livre de Jules Verne, *De la Terre à la Lune*, gravure de J. Pann.

Pour voyager dans l'espace, de nombreux romanciers ont proposé des solutions fantaisistes. Le plus célèbre d'entre eux, le Français Jules Verne, a imaginé, à la fin du XIXe siècle, d'utiliser un obus propulsé par un énorme canon. Mais c'est là un moyen totalement irréalisable car ses occupants seraient écrasés par la formidable accélération du départ et l'obus lui-même brûlerait dans l'air en raison de sa vitesse élevée.

Toute l'ingéniosité de cette solution consiste à tirer parti du phénomène de la chute des corps qui est un obstacle naturel à l'éloignement de tout objet éjecté depuis la Terre ; Newton en fait le « moteur » des satellites artificiels.

Une pierre lancée en l'air qui retombe sur le sol, la Lune et les satellites artificiels qui tournent autour de la Terre, les planètes en mouvement autour du Soleil, les comètes qui s'en approchent puis repartent vers l'infini, les étoiles qui s'assemblent en amas : autant de manifestations d'un même phénomène, la gravitation.

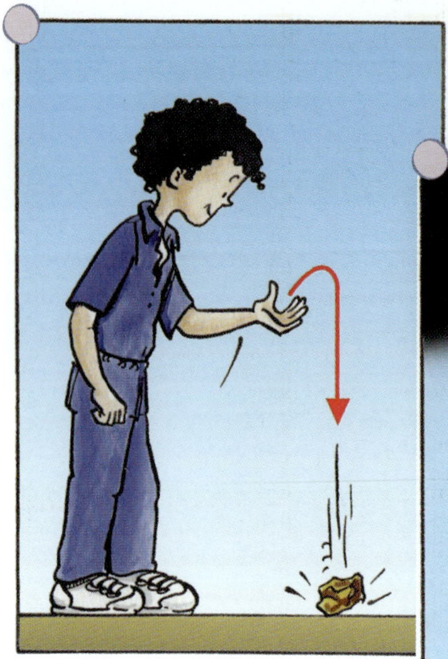

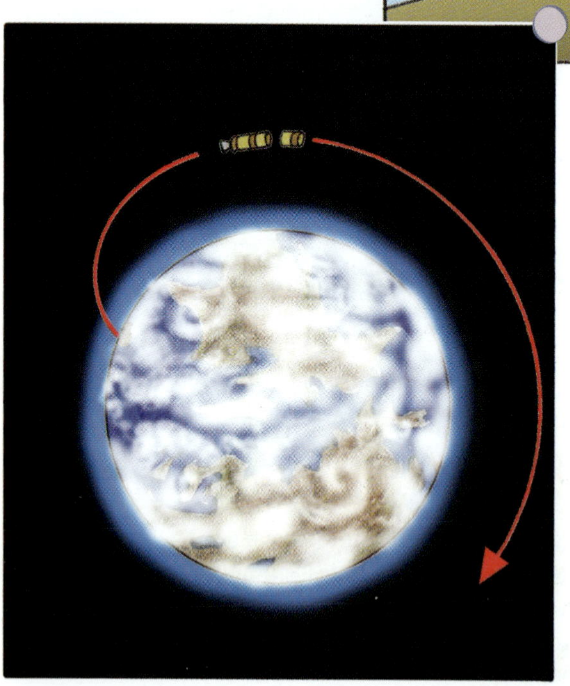

Du caillou au... satellite !

Lancé de plus en plus fort, un caillou tombe de plus en plus loin.
Il en va de même pour un satellite qui, lancé encore plus vite par une fusée, ne rencontre plus la Terre mais finit par tourner spontanément autour d'elle.

Le satellite artificiel : une idée vieille de... trois siècles

À la fin du XVIIe siècle, en Angleterre, le physicien Isaac Newton cherche à comprendre un phénomène apparemment très banal : la chute des corps.

Si je lâche un crayon, il tombe par terre. Pourquoi ? Newton en arrive à la conclusion qu'il existe une force attractive (mutuelle) entre la Terre et l'objet qui contraint le plus léger des deux à tomber sur l'autre – et même, dans certains cas, à tourner autour. Cette force résulte d'un phénomène étonnant, découvert par Newton : la gravitation. Les corps matériels s'attirent mutuellement, ce qui conduit à des effets spectaculaires lorsque les masses mises en jeu sont élevées, comme dans le cas des planètes.

Mais, se demande Newton, jusqu'où cette force agit-elle ? Jusqu'à la Lune, peut-être ? Oui, et il le prouve par le calcul – avant lui, personne n'avait cherché à interpréter le mouvement de la Lune.

Dans ce cas, pourquoi la Lune ne tombe-t-elle pas sur la Terre ? Et Newton apporte la réponse : c'est que la Lune a reçu, jadis, une impulsion très forte. Du fait de cette impulsion initiale (qui date de la formation du système solaire) et de la vitesse ainsi acquise, la Lune – par ailleurs soumise à l'attraction mutuelle Terre/Lune – demeure comme « prisonnière » de la Terre ; elle en est le satellite naturel (du latin *satellitis*, « garde du corps »).

Partant de là, Newton entreverra la possibilité de doter la Terre de lunes artificielles, nos satellites actuels.

Une légende prétend que c'est en assistant à la chute d'une pomme que Newton aurait découvert la gravitation universelle...

Peut-être inventée par Newton lui-même, à la fin de sa vie, pour amuser son auditoire, cette anecdote a au moins le mérite de relier un phénomène physique universel à un événement terrestre très banal.

Aquarelle de Johann Brandstetter (né en 1959).

Altitude et vitesse

Quelles sont les conditions pour que la satellisation d'un projectile (boulet ou vaisseau spatial) puisse être obtenue ?

Tout d'abord, qu'elle soit effectuée au-dessus des couches denses de l'atmosphère terrestre qui freineraient le projectile. En pratique, il faut se placer au moins à 200 km d'altitude, là où la densité de l'air résiduel est très faible.

Il faut ensuite imprimer au projectile une vitesse suffisante (et dans la bonne direction). Sa valeur est considérable : de l'ordre de 8 km/s (soit près de 28 000 km/h) à 200 km du sol.

Point important : la valeur de cette vitesse de satellisation est indépendante de la masse à satelliser. Qu'il s'agisse d'une simple bille ou d'une station orbitale de 20 t, elle demeure la même...

Faute de moyens techniques nécessaires, l'idée du satellite artificiel est restée un rêve pendant longtemps (car, bien entendu, on n'a jamais tenté de lancer le moindre satellite à l'aide d'un canon !). Ce n'est qu'au milieu du XXe siècle qu'a pu être fabriquée une machine suffisamment puissante : la fusée...

Un vaisseau spatial est nécessairement en mouvement !

Par nature, les vaisseaux spatiaux (tout comme les planètes) ne peuvent se maintenir dans le vide qu'à la condition de graviter, c'est-à-dire de tourner autour d'un autre corps céleste. Ils avancent et ils « tombent » en même temps.

En particulier, les satellites artificiels qui survolent la Terre sont constamment en mouvement par rapport au sol.

Il ne peut en être autrement.

Pas question d'imaginer un vaisseau spatial immobile* à 200 km d'altitude, au-dessus d'un point quelconque de la Terre, à la manière d'un ballon ou d'un hélicoptère...

Tout vaisseau spatial est un projectile « condamné » au mouvement !

* Une exception : les satellites géostationnaires *(voir page 32)*.

Une machine étonnante : la fusée*

Pour emporter les vaisseaux spatiaux, une machine d'un genre tout à fait particulier, d'une puissance phénoménale, a été mise au point : la fusée (ou lanceur).

En astronautique, le rôle d'un lanceur est double : d'une part, assurer le transport de sa cargaison (un ou plusieurs vaisseaux spatiaux) entre le sol et l'espace, c'est-à-dire lui faire traverser l'atmosphère, d'autre part, lui donner l'impulsion (la vitesse) nécessaire à sa satellisation.

Pour fonctionner à la fois dans l'atmosphère et dans le vide, le lanceur met en œuvre une propulsion appropriée, la propulsion par réaction, grâce à des moteurs-fusées.

* À ce terme du langage courant, les spécialistes préfèrent celui de lanceur (sous-entendu de charge utile, c'est-à-dire de satellites). C'est celui que nous retiendrons dans ce texte.

Assemblés à l'horizontale, les lanceurs russes sont transportés couchés jusqu'à leur pas de tir où ils sont mis en position verticale. Ici, le *Lance -Soyouz* (ou *Zemiorka*) utilisé pour la mission *Cassiopée* (1996). Ce lanceur a été construit à plus de 1 600 exemplaires.

Plus d'un lancement par semaine

Depuis le lancement du premier satellite artificiel, *Spoutnik 1*, en 1957, environ 4 000 lanceurs ont servi à satelliser à peu près autant de vaisseaux spatiaux.

Le rythme actuel des lancements est d'un peu moins d'une centaine chaque année.

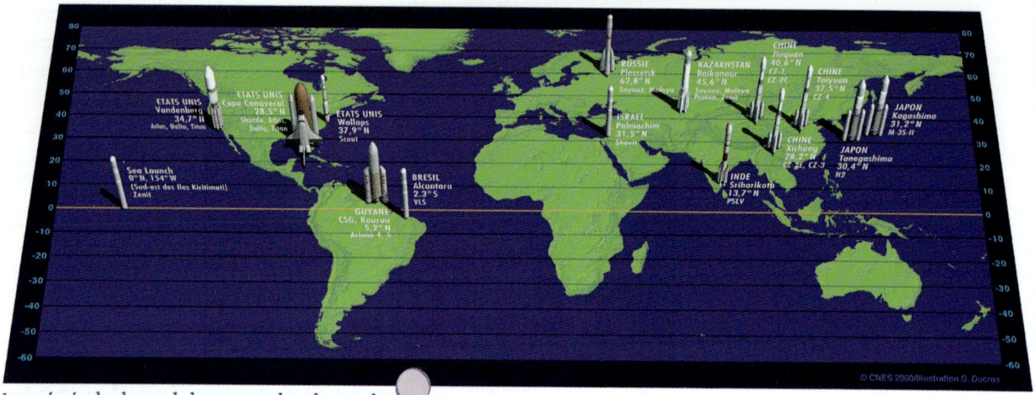

Les principales bases de lancement dans le monde.

Un petit nombre de pays possèdent leurs propres lanceurs : la Russie et les États-Unis, les deux grandes puissances spatiales, mais aussi l'Europe (avec *Ariane*), le Japon, la Chine, l'Inde et Israël.

Depuis 1957, l'URSS (aujourd'hui la Russie) a utilisé plus de 2 000 lanceurs, les États-Unis environ 1 000, et l'ensemble des autres puissances spatiales près de 200 (dont une soixantaine pour l'Europe, autant pour le Japon, autant pour la Chine et une vingtaine pour la France avant qu'elle n'arrête ses activités nationales en ce domaine au profit du lanceur européen *Ariane*).

Le lanceur européen *Ariane 5* (vol 506, sept. 2000).

Des performances très variables

Un lanceur se caractérise avant tout par la valeur de la masse qu'il peut emporter ; il est d'autant plus puissant qu'il est plus lourd au moment du décollage et qu'il utilise des ergols *(voir plus loin)* plus performants.

Plusieurs dizaines de versions de lanceurs ont été mises au point de par le monde, certaines étant aujourd'hui abandonnées.

Les lanceurs contemporains

À l'exception de la navette spatiale, d'une conception tout à fait originale *(voir pages 26 à 29)*, tous les lanceurs actuels se ressemblent plus ou moins, surtout par leur aspect extérieur et leur mode de fonctionnement.

Schématiquement, ils se présentent comme une gigantesque structure métallique, haute de 30 à 60 m, de forme cylindrique. Au sommet, protégée par une coiffe, la charge utile (un ou plusieurs satellites). À la base, un groupe de moteurs.

Les lanceurs décollent toujours* verticalement. Leur déplacement est obtenu en éjectant vers l'arrière, à grande vitesse, d'importantes quantités de gaz produits par les moteurs : par réaction, la fusée progresse vers l'avant.

Les moteurs brûlent ce qu'on appelle des ergols ; selon les modèles, il s'agit soit d'une pâte caoutchouteuse, soit de liquides. Dans le cas des liquides, on retrouve toujours les mêmes substances : oxygène/hydrogène, oxygène/kérosène, peroxyde d'azote/dérivé de l'hydrazine, etc.

* Une exception : le système américain *Pegasus* dans lequel un lanceur prend son envol à partir d'un avion. Mis en service en 1990, il n'est utilisé que pour de petits satellites.

La trajectoire du lanceur *Ariane 5*.

Au cours de son vol, le lanceur se débarrasse progressivement des éléments dont il n'a plus besoin : ses propulseurs latéraux, sa coiffe, puis (environ dix minutes après le décollage) son premier étage. Pour atteindre la vitesse de satellisation, l'étage supérieur va pousser en s'élevant pendant une vingtaine de minutes avant de s'éteindre au-dessus de l'Afrique et libérer, l'un après l'autre, ses deux satellites.

L'évolution du lanceur *Ariane*, de *Ariane 1* (1979) à *Ariane 5* (1996).

Un énorme réservoir

Fonctionnant en grande partie dans le vide, un lanceur doit être autonome quant à sa propulsion. Pour cette raison, il emporte l'ensemble des produits nécessaires : une fusée est, avant tout, un énorme réservoir. Par exemple, dans le cas d'*Ariane 5*, environ 90 % de la masse totale du lanceur au décollage sont représentés par les ergols, 9 % par la structure et... 1 % seulement par les satellites !

Pour des raisons d'efficacité, un lanceur comprend toujours plusieurs étages qui fonctionnent successivement. Afin d'améliorer les performances, on ajoute souvent, latéralement, un certain nombre de propulseurs d'appoint.

Autres caractéristiques de ces lanceurs : leur fonctionnement est de brève durée (de dix à trente minutes, en général), et ils ne servent qu'une seule fois.

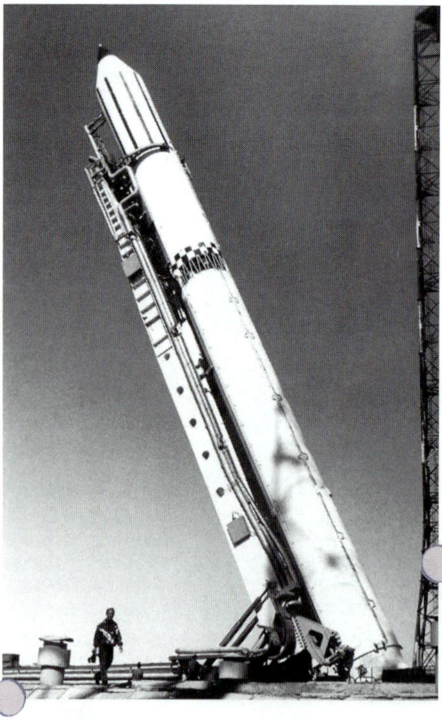

Le lanceur russo-ukrainien *Zenith* existe en versions à deux ou trois étages.

Le lanceur japonais *H-2*.

Ensemble de lancement d'*Ariane 5*, au Centre spatial guyanais. Au fond, la zone d'assemblage ; au premier plan, l'aire de lancement.

La navette spatiale, premier vaisseau spatial réutilisable

Décollage de la navette américaine (*Columbia*, vol STS 78, 1996).

Pendant vingt ans, de 1961 à 1981, un seul type de véhicule spatial était disponible pour lancer des hommes dans l'espace : la capsule. De forme sphérique ou conique, toujours exiguë, elle a beaucoup d'inconvénients : absence de confort, mise sur orbite et retour sur Terre éprouvants pour l'équipage, aucune manœuvrabilité lors de la rentrée dans l'atmosphère, impossibilité de la réutiliser, etc.

En contrepartie, elle présente deux avantages majeurs : une conception simple et un coût limité.

Aujourd'hui encore, la Russie n'utilise que des capsules pour ses vols habités. Et la Chine a fait de même pour satelliser, en octobre 2003, son premier « taïkonaute ». Par contre, les États-Unis y ont renoncé à partir de 1975 et ont préféré mettre au point un nouveau système de lancement, la navette, dont un élément peut être réutilisé plusieurs fois : il décolle comme un lanceur, évolue comme un satellite et revient sur Terre comme un avion !

Au dire des spécialistes, ce système excessivement coûteux (plusieurs milliards d'euros pour le réaliser) ne se justifie - et encore... - que s'il est très utilisé.

Élément essentiel de la navette, l'orbiteur ressemble à un avion (37 m de long, 24 m d'envergure et près de 70 t à vide). Un volumineux réservoir (qui contient plus de 700 t d'hydrogène et d'oxygène liquides) alimente ses trois moteurs. Pour l'aider à décoller, deux énormes fusées à poudre. Un équipage de cinq à huit personnes peut prendre place dans le poste de pilotage.

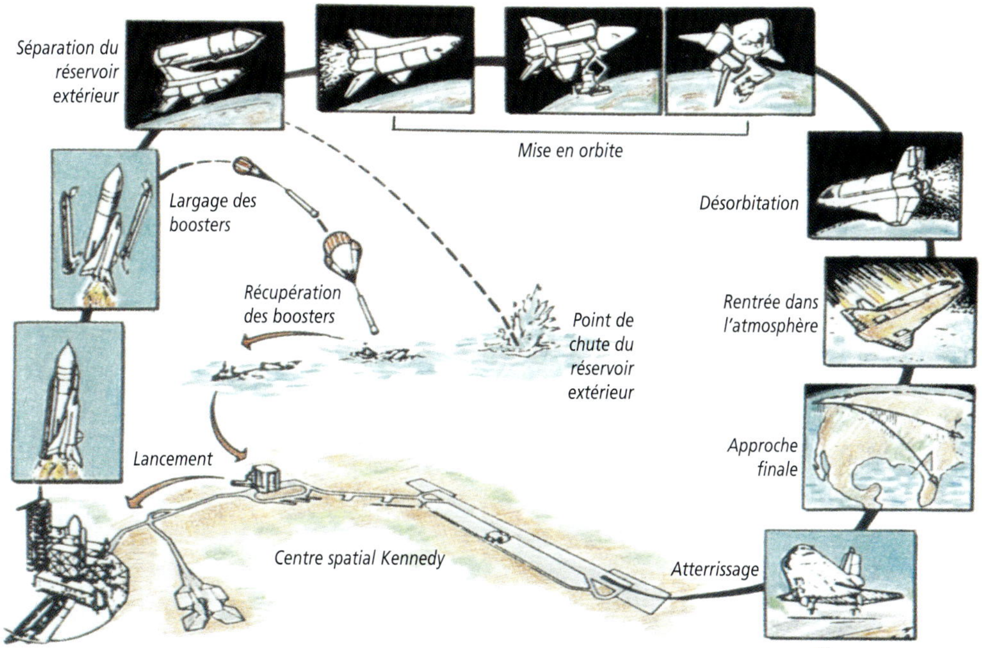

Les principales étapes d'une mission de la navette américaine.

Une dizaine de minutes après son décollage, l'orbiteur se retrouve en orbite. Pendant une ou deux semaines, il peut servir de laboratoire spatial ou de plate-forme de lancement pour les satellites fixés dans sa soute (elle est très vaste : un autocar pourrait y tenir !).

Sa mission terminée, l'orbiteur revient sur Terre à la manière d'un planeur. Une autre mission l'attend.

Plus de 100 vols en vingt ans

Le premier lancement de la navette a eu lieu le 12 avril 1981. Successivement, cinq orbiteurs (*Columbia, Challenger, Discovery, Atlantis* et *Endeavour**) ont été mis en service. En vingt ans (avril 1981-avril 2001), ils ont permis la réalisation de plus de cent vols : près de six cents astronautes y ont participé (certains plusieurs fois), plus de 1 300 tonnes de matériel ont été transportées en orbite, des dizaines de satellites ont été largués, quelques-uns ont été réparés sur place ou rapportés au sol.

* *Columbia, Challenger, Discovery* et *Atlantis* furent jadis des voiliers célèbres. *Endeavour* signifie « effort ».

Pourtant ce système de lancement n'est pas apparu comme la solution souple, économique et sûre imaginée par ses concepteurs. Sa maintenance est délicate et coûteuse. Alors qu'on lui prédisait initialement un rythme de lancement d'un vol par semaine, elle n'en réalise en moyenne que cinq ou six par an.

Le 13 mai 1992, installés au-dessus de la soute de la navette spatiale américaine, trois astronautes capturent manuellement le satellite *Intelsat 6* (F3), afin de le remettre en état. Après réparation, il sera remis en orbite.

La chevauchée fantastique

« Ça secoue et on a vraiment l'impression d'être assis sur le butoir avant d'une locomotive [...]. Ça vibre de plus en plus [...]. C'est vraiment la chevauchée fantastique [...].

J'arrive à peine à mettre ma main le long de ma visière [...]. Ça accélère de plus en plus [...]. Il faut faire un petit effort pour respirer, on est complètement écrasé sur le siège [...]. »

(Patrick Baudry décrivant le décollage de la navette américaine en 1985.)

Atterrissage de l'orbiteur de la navette.

Retour sur Terre de l'équipage de l'orbiteur *Atlantis*, le 23 octobre 1989.

Enfin, et surtout, l'explosion de *Challenger* (le 28 janvier 1986) au décollage et celle de *Columbia* (le 1er février 2003) lors de sa rentrée atmosphérique - qui ont causé la mort des quatorze occupants - ont montré sa vulnérabilité. Aujourd'hui, elle n'est plus utilisée pour les vols commerciaux mais - dès la reprise des missions - se consacrera principalement aux missions scientifiques et contribuera à la construction de la station *ISS* *(voir page 69)*.

Une infinité de trajectoires possibles

Un vaisseau spatial ne devient exploitable qu'une fois propulsé dans l'espace. Mais quelle trajectoire suit-il dès lors que son lanceur lui a communiqué l'impulsion initiale ? Est-il livré à lui-même telle une bouteille à la mer ? Nullement...

Tout au contraire, pourrions-nous dire, puisque son mouvement va être régi par des lois mathématiques très rigoureuses, celles de la mécanique céleste. Elles ont été établies au XVIIe siècle par l'astronome allemand Johannes Kepler pour rendre compte du mouvement régulier des planètes autour du Soleil. Mais elles s'appliquent également aux satellites artificiels qui gravitent autour de la Terre.

Les paramètres essentiels

Autour de la Terre, un satellite décrit une trajectoire fermée*, elliptique (mais elle peut être circulaire) : c'est son orbite. Il s'agit d'une courbe plane, c'est-à-dire contenue dans un plan ; ce plan passe par le centre de la Terre.

Plusieurs grandeurs (appelées paramètres) permettent de bien définir l'orbite d'un satellite : son point le plus proche du centre de la Terre (périgée) ou le plus éloigné (apogée), la durée d'une révolution complète (période), l'inclinaison de son plan sur celui de l'équateur, etc.

A priori un satellite peut donc suivre une infinité de trajectoires différentes (selon les valeurs de ces paramètres) : le choix est fonction de la mission qui lui est confiée, de la situation géographique du site de lancement, de la puissance du lanceur, etc.

* Les sondes interplanétaires décrivent généralement des trajectoires ouvertes par rapport à la Terre mais fermées autour du Soleil.

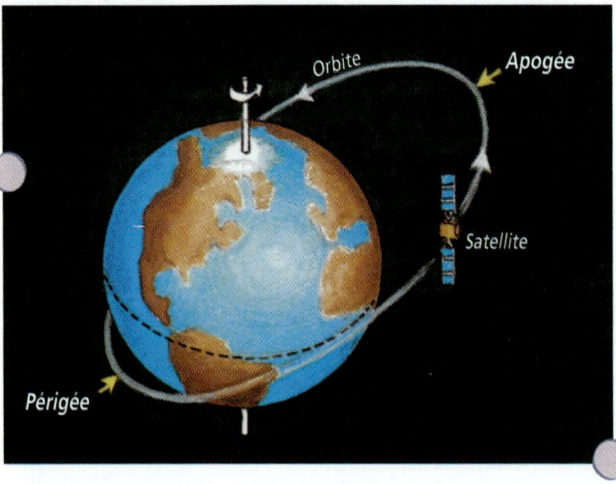

La trajectoire décrite autour de la Terre par un satellite artificiel est, le plus souvent, une ellipse (dont le centre de la Terre occupe un foyer).

Modifier sa trajectoire

Un satellite peut modifier la forme de son orbite. Il suffit qu'il soit équipé d'un moteur : dans ces conditions, il peut rendre circulaire une trajectoire elliptique ou inversement. Il peut même quitter le voisinage de la Terre : c'est ainsi que la sonde *Giotto*, lancée en juillet 1985, a d'abord gravité autour de la Terre avant de prendre la direction de la comète de Halley qu'elle a frôlée huit mois plus tard.

Par contre, il est très difficile à un satellite de modifier fortement le plan de son orbite. C'est une particularité dont on tient compte pour organiser un rendez-vous entre deux vaisseaux spatiaux : pour se rejoindre, ils doivent évoluer dans le même plan.

Deux grandes catégories d'orbites

Si l'on s'en tient aux satellites de la Terre, on peut - grossièrement - distinguer deux grandes catégories d'orbites :

- les orbites basses, comprises entre 200 et 1 000 km d'altitude (l'inclinaison variant entre 0 et 100°). La plupart des satellites de la Terre appartiennent à cette catégorie ;
- l'orbite géostationnaire, circulaire, située dans le plan de l'équateur à 36 000 km d'altitude. Elle est unique et très particulière : les satellites qui la parcourent semblent immobiles par rapport à la Terre.

La plupart des satellittes artificiels de la Terre peuvent se ranger en deux catégories : ceux qui restent au « voisinage » de la surface terrestre (à moins de 1 000 km) et ceux qui sont géostationnaires.

Le tour du monde en... 88 minutes !

Un satellite artificiel tourne d'autant plus vite autour de la Terre qu'il en est près. S'il décrit une orbite circulaire à 200 km du sol (c'est l'altitude de nombreux satellites d'observation militaires), il lui faut 88 minutes pour faire le tour du globe, 90 minutes à 400 km (altitude moyenne de la station *ISS*), 101 minutes à 800 km (altitude de *SPOT*), 24 heures à 36 000 km (altitude des satellites géostationnaires : *Météosat, Eutelsat...*) et 27 jours à 380 000 km (altitude de la Lune, notre unique satellite naturel).

Les performances des lanceurs dépendent de l'orbite choisie. Pour un même lanceur, la masse satellisée sera d'autant plus importante qu'on restera près de la Terre. Par exemple, le lanceur européen *Ariane 5* pourrait placer plus de 20 t en orbite basse, mais ne peut injecter que quelques tonnes sur l'orbite géostationnaire.

Une curiosité : les satellites géostationnaires

L'ingéniosité des hommes semble sans limites... N'en fallait-il pas beaucoup pour réussir à « immobiliser » des satellites artificiels dans le ciel ? Faire en sorte que la Terre (qui pivote sans cesse sur elle-même) et un satellite (nécessairement animé d'une grande vitesse) soient fixes l'un par rapport à l'autre... Eh bien, la solution a été trouvée !

Pour la comprendre, transportez-vous en pensée dans un espace de jeux et imaginez un enfant en train de courir autour d'un manège. S'il choisit bien sa vitesse, il peut rester constamment en face de son camarade installé sur le manège : bien que tous les deux soient en mouvement, ils semblent immobiles l'un par rapport à l'autre.

Un satellite géostationnaire.

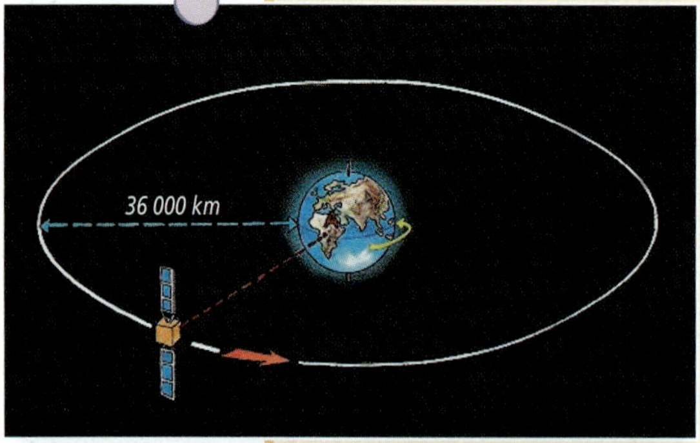

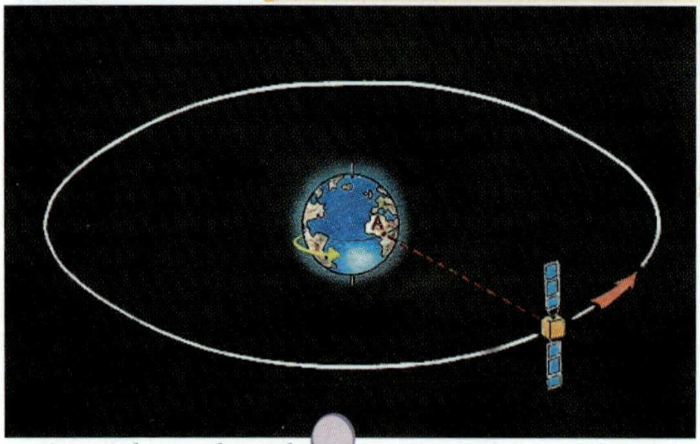

Le même, six heures plus tard.

Telle est la propriété surprenante des satellites géostationnaires vis-à-vis de la Terre : ils gravitent sur une orbite circulaire, au-dessus de l'équateur, à 36 000 km d'altitude... là où leur vitesse leur permet de tourner au même rythme que la Terre (un tour complet en 24 heures). Ils jouent alors le rôle de plates-formes fixes pour relayer les télécommunications ou observer la Terre (météorologie et applications militaires). On en dénombre actuellement environ 250 en fonctionnement.

Les lanceurs européens *Ariane* ont été conçus prioritairement pour les satellites géostationnaires qui représentent plus de 90 % de leurs missions.

L'inévitable impesanteur

Une fois livré à lui-même, sur son orbite, tout vaisseau spatial se trouve en état d'impesanteur*. Les conséquences sont très spectaculaires pour les vaisseaux habités : les spationautes ne peuvent plus marcher, leur poids n'est plus sensible, les objets flottent autour d'eux. Pourquoi ?

* Le mot *impesanteur* (préféré à *apesanteur*) désigne l'absence de pesanteur.

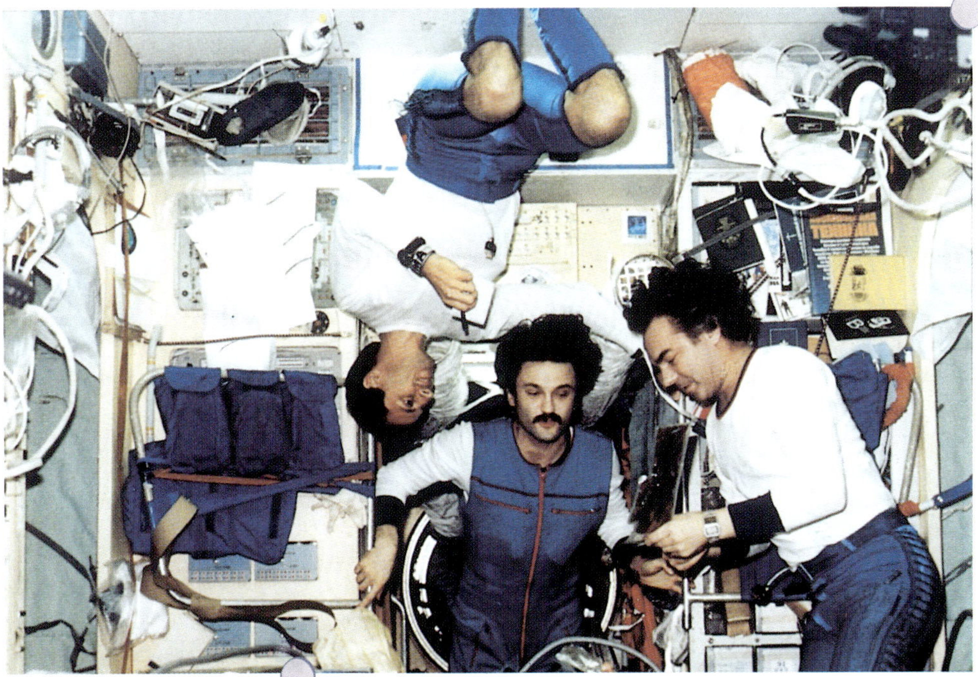

Intérieur de la station *Mir* en 1992.

Disparition de tout support

Propulsé au-dessus de l'atmosphère, tout vaisseau spatial est en chute libre : il n'est soumis qu'à l'attraction de la Terre. On peut le comparer à un laboratoire qui serait soudain précipité dans un gouffre (qu'on suppose débarrassé de toute trace d'atmosphère… laquelle ralentirait sa descente) : lui aussi, seule la Terre l'attire. Aussitôt, dans ce laboratoire (comme dans tout vaisseau spatial), quel désordre !

Pesanteur normale.

Impesanteur.

En effet, sur Terre *(schéma 1)*, chaque objet repose naturellement sur un support qui l'empêche d'aller plus bas : la lampe sur la table, la table sur le plancher, le plancher sur le sol, etc. Ôtons l'un de ces supports : l'objet qu'il retenait tombe (attiré par la Terre, toujours là)... jusqu'au prochain support. Chaque chose appuie sur un support, elle pèse.

Dans le cas de la chute libre *(schéma 2)*, tout tombe... y compris les supports ! Plus rien ne retient rien !

Ni léger, ni lourd

C'est étonnant : quand divers objets sont en chute libre (qu'ils se trouvent à l'intérieur ou à l'extérieur du laboratoire imaginaire ou du vaisseau), ils tombent tous au même rythme, à la même vitesse quel que soit leur poids sur Terre. De ce fait, ils sont comme immobiles les uns par rapport aux autres, aucun objet ne peut rattraper le moindre support. « Lourd » et « léger » ne veulent plus rien dire, le poids n'existe plus...

C'est ce comportement insolite, extravagant, difficile à comprendre qui est observé dans les vaisseaux spatiaux. (D'autres manifestations moins voyantes de l'impesanteur seront abordées plus loin - *voir page 71*.)

Comment récupérer un vaisseau spatial ?

La fin « naturelle » de tout satellite artificiel de la Terre est de brûler dans l'atmosphère. Alors, quelles précautions faut-il prendre pour récupérer en bon état ceux qui transportent des hommes, des animaux ou une cargaison précieuse (par exemple, les échantillons de sol martien qui seront collectés, dans quelques années, par des engins automatiques et qui seront rapportés sur Terre pour être analysés) ?

Comment, aussi, ne pas endommager une navette spatiale qu'on souhaite réutiliser ?

Une trajectoire de retour très précise...

Pour revenir sur Terre, un vaisseau spatial doit être ralenti. On y parvient en modifiant son orbite et en le « précipitant » dans l'atmosphère gazeuse de notre planète. Mais ce freinage naturel s'accompagne d'un énorme dégagement de chaleur. Pour en limiter l'intensité, on imposera au vaisseau une trajectoire très précise. L'opération est délicate car la descente ne doit être ni trop rapide (le dégagement serait excessif et le vaisseau brûlerait), ni trop lente (le freinage serait insuffisant : on raterait le lieu d'atterrissage ou, pire, on ricocherait sur l'atmosphère).

... et un bouclier thermique

Pour supporter l'épreuve du retour, le vaisseau est équipé d'une protection thermique particulière. Deux possibilités existent :

- ou bien utiliser un bouclier qui est détruit lors de la rentrée. Il est réservé aux capsules non réutilisables (celles des Chinois, des Russes et, jadis, celles des Américains) ;
- ou bien utiliser un matériau réfractaire (à base de carbone ou de fibres de silice), capable de supporter, sans être détruit, les hautes températures atteintes (1 500 ou 1 600 °C). C'est ce type de revêtement réutilisable qui équipe les orbiteurs de la navette américaine.

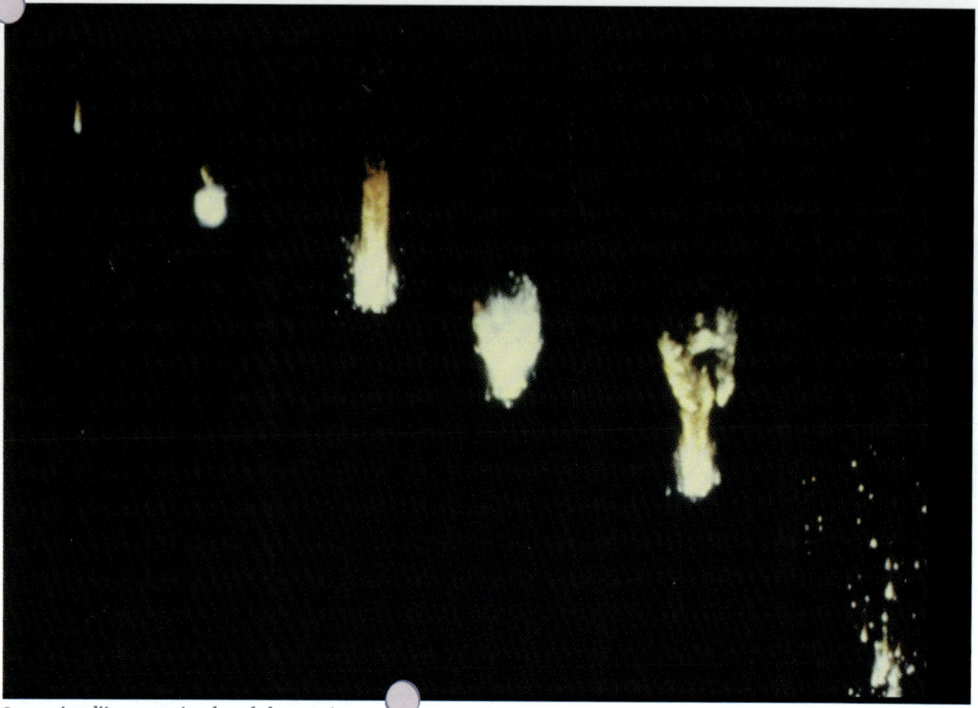

Succession d'images prises lors de la rentrée d'un vaisseau spatial dans l'atmosphère.

Au milieu des flammes

Le spationaute français Jean-Loup Chrétien raconte son retour sur Terre dans un *Soyouz*, en 1982 :

« [...] *L'ambiance devient soudain franchement « émouvante » : des lueurs rosâtres apparaissent dans la cabine, venues de l'autre côté des hublots comme si nous étions installés d'un coup dans le jet de gaz d'une fusée en fonctionnement... Des flammes qui semblent raides comme des épées fusent et s'évanouissent, faisant danser le halo lumineux qui nous enveloppe. Nous sommes un météore ! Et toute cette gaine infernale n'est qu'à un demi-mètre de nous, de l'autre côté de la coque du* Soyouz *; pourtant il fait toujours frais à l'intérieur où les conversations se font rares.* »

Spatiale première, Plon, 1982.

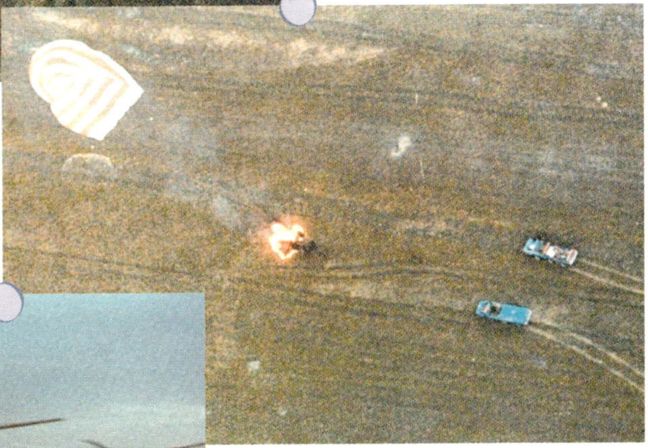

Le retour sur Terre d'une capsule spatiale habitée est constitué d'une suite d'événements impressionnants.

DES SATELLITES PAR MILLIERS

À quoi ont donc servi les quelque 4 000 satellites artificiels lancés depuis 1957 ? Selon les missions, ils peuvent être relais d'informations, observatoires ou laboratoires.

Depuis 1957, plus de quatre mille satellites lancés !

Une telle abondance a de quoi surprendre... En effet, plus de quatre mille satellites artificiels ont succédé au premier d'entre eux, *Spoutnik 1*, lancé en 1957.

Mais il faut savoir qu'aujourd'hui la plupart de ces engins n'existent plus : ils ont été détruits naturellement en rentrant dans l'atmosphère. D'autres, qui tournent encore autour de la Terre ou d'un autre astre (Lune, Mars, Soleil, etc.), se sont tus à jamais. Il n'en reste que très peu véritablement en activité, peut-être 10 % de ce total, soit de l'ordre de 400 à 500 satellites seulement.

Quel chemin parcouru en moins de quarante ans par la recherche spatiale !

Ci-contre, le premier satellite français A 1/*Astérix* (1965) ne pesait que... 42 kg.

Ce sont eux dont on se sert régulièrement ; en ce moment même, ils retransmettent à travers le monde des programmes télévisés, des communications téléphoniques ou des images météo, surveillent ou photographient notre planète, filent vers Mars ou Jupiter…

Une diversité extrême

Qu'ont donc en commun ces 4 000 satellites passés ou présents ? Peu de choses, à vrai dire, si ce n'est, évidemment, la particularité de « naviguer » autour de la Terre ou dans le système solaire.

Tous (ou presque) sont équipés d'un certain nombre d'éléments leur permettant de survivre dans le milieu spatial (grâce à une protection thermique), de produire leur électricité (souvent au moyen de cellules solaires), de communiquer par ondes radio avec les stations de poursuite installées au sol, de modifier selon les besoins leur orientation dans l'espace ou leur orbite, etc.

N'oublions pas, en effet, que dans au moins 95 % des cas on a affaire à des engins non habités, entièrement automatiques.

Par contre, leur diversité devient flagrante dès qu'on examine leur forme, leurs dimensions, leur masse. Quoi de commun, par exemple, entre *Vanguard 1* (surnommé *Pamplemousse* en raison de sa forme), gros comme un ballon de football et pesant 1,4 kg et les gigantesques *Intelsat 9* actuels, d'une masse au lancement de 4 700 kg, servant aux télécommunications, sans parler de la monumentale *Station spatiale internationale*, en cours d'assemblage à 400 km au-dessus de nos têtes ?

Le satellite sud-coréen *Koreasat 3* (1999). Par ses dimensions et sa masse (3 t), il est représentatif des satellites d'aujourd'hui.

Espérance de vie...

Les satellites ne sont pas éternels ! Ils peuvent être victimes :

- soit d'une défaillance accidentelle, prématurée, quelques mois ou même quelques jours après leur lancement ;
- soit d'une « mort naturelle », leurs équipements succombant à l'agressivité du milieu spatial après quelques années de service : souvent moins de cinq ans pour les satellites les plus bas (moins de 1 000 km du sol), une quinzaine pour les géostationnaires, davantage pour les sondes interplanétaires ;
- soit d'une destruction naturelle dans l'atmosphère terrestre qui freine tous les satellites artificiels de la Terre, surtout les plus proches de nous : à 120 km, aucun satellite ne peut se maintenir en orbite plus de quelques heures. Sa structure s'échauffe et si aucune précaution n'est prise *(voir pages 35 à 37)*, elle brûle. Son existence s'achève sous forme d'étoiles filantes – il est très rare que des débris atteignent le sol. La plupart des satellites finissent ainsi.

Plus haut, l'espérance de vie augmente car l'atmosphère se raréfie : quelques jours à 200 km, quelques mois à 350 km, un siècle à 800 km, un million d'années à 36 000 km.

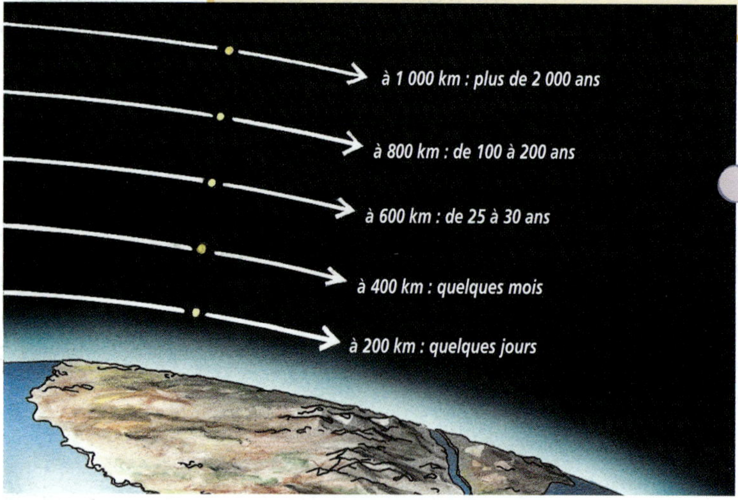

L'espérance de vie d'un débris (ou d'un satellite artificiel) dépend principalement de son altitude. Avec le temps, il finit toujours par se rapprocher lentement de la Terre. Sa combustion dans l'atmosphère dense est ensuite inéluctable.

Trois fonctions essentielles

Face à une telle profusion, comment espérer avoir une vue d'ensemble sur les utilisations des satellites artificiels ?

En fait, c'est possible à condition de s'attacher avant tout à leur mission. La mission d'un satellite, c'est sa raison d'être, ce pourquoi il a été construit et lancé, ce à quoi il doit servir.

Mettons de côté les quelque deux cents véhicules habités (capsules, navettes et stations) dont le rôle de moyen de transport et de lieu de séjour est clair et intéressons-nous à tout le reste, à ces « robots » que l'homme envoie là où il ne peut (ou ne veut) pas aller lui-même.

Dans quel but le fait-il ? D'une part, pour prolonger ou améliorer diverses activités menées avec les moyens terrestres (par exemple la constitution d'un réseau téléphonique mondial ou l'observation météorologique), d'autre part, pour en créer de nouvelles, tout à fait irréalisables sans les systèmes spatiaux (les communications de qualité avec les mobiles, l'échange de programmes télévisés au niveau mondial, l'exploration du système solaire, etc.).

Dès lors, la fonction du satellite apparaît plus nettement et trois cas peuvent être distingués selon qu'il joue le rôle :

- de messager (il sert à *relayer les télécommunications*) ;
- d'observateur (il sert à *observer la Terre*, à *scruter l'univers* ou à *explorer le système solaire*) ;
- de laboratoire (il sert principalement à *expérimenter sans pesanteur*).

Tel est le découpage que nous avons retenu pour présenter, dans les chapitres suivants, les multiples applications des satellites artificiels.

Les débris spatiaux

Dans l'espace, le moindre débris peut être redoutable en raison de sa grande vitesse ; à 10 km/s, une poussière de 3 mm possède la même énergie destructrice qu'une boule de bowling projetée à 100 km/h !

La Terre est entourée de dizaines de milliers de débris d'origine artificielle, le plus souvent des fragments de satellites ou d'étages de fusée ayant explosé. Seuls les plus gros (supérieurs à 10 cm) – soit environ 8 500 « objets » – sont suivis par radar et répertoriés par des organismes spécialisés.

Leur abondance constitue une réelle menace pour les vaisseaux habités et les satellites automatiques.

Simulation informatique de l'encombrement de l'espace au voisinage de la Terre. Chaque point correspond à un « gros » débris.

Relayer les télécommunications

Depuis une centaine d'années, les hommes utilisent les ondes radioélectriques pour communiquer à distance. Grâce à ce phénomène insolite, on peut transmettre vite et loin des sons (c'est la radio), des images (c'est la télévision) et, d'une façon générale, toutes sortes d'informations (mesures physiques, etc.).

Ces ondes invisibles peuvent parcourir des distances énormes : on reçoit encore les émissions radio de sondes spatiales parties il y a plus de vingt-cinq ans et qui se trouvent pourtant à plus de dix milliards de kilomètres de notre planète ! C'est possible à la condition qu'aucun obstacle ne s'interpose entre celui qui émet (l'émetteur) et celui qui reçoit (le récepteur) car les ondes radio se propagent en ligne droite (comme un faisceau de lumière).

La Terre est ronde, hélas...

Si la Terre était plate comme une galette, il serait assez simple d'utiliser les ondes radio pour communiquer d'un pays à l'autre, même d'un bord de la « galette » à l'autre, puisque l'émetteur et le récepteur seraient toujours en visibilité réciproque. Mais la Terre est ronde...

Dès lors, l'horizon s'interpose toujours entre un émetteur et un récepteur trop éloigné. Par exemple, une liaison radio directe de qualité entre Bruxelles et Madrid est impossible. Pour y parvenir, il faut mettre en place des relais disposés de telle sorte que chacun d'eux voie simultanément le précédent et le suivant. Grâce à une telle chaîne de relais, les ondes radio peuvent contourner la Terre.

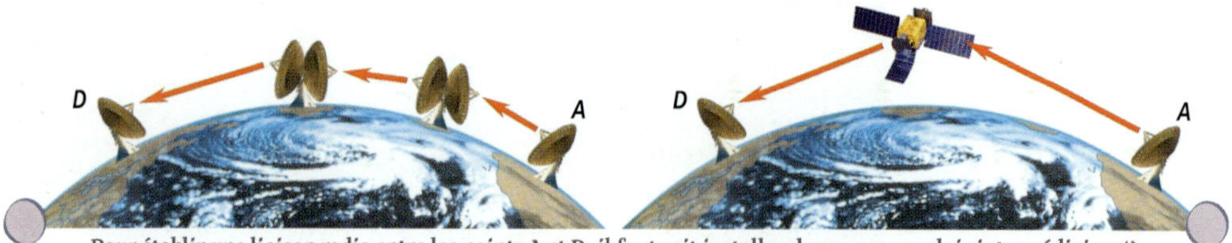

Pour établir une liaison radio entre les points A et D, il faut soit installer de nouveaux relais intermédiaires (à gauche), soit utiliser un satellite (à droite).

Mais c'est très contraignant car la portée d'un relais est souvent inférieure à 100 km : il en faut donc beaucoup. Par exemple, pour couvrir le territoire français, la chaîne de télévision *TF1* utilise une centaine d'émetteurs et plus de deux mille relais ! De plus, il serait très difficile d'en installer au milieu des océans.

Un relais exceptionnel : le satellite

Une autre solution existe : accroître la hauteur du relais. Plus il est haut, plus sa portée est importante... d'où l'idée d'utiliser les satellites qui évoluent à des milliers de kilomètres.

Les télécommunications modernes font largement appel aux satellites du type géostationnaire *(voir page 32)* qui ont, par rapport aux autres, l'énorme avantage de se comporter comme des relais fixes.

Grâce à son recul de 36 000 km, tout satellite géostationnaire « voit » presque la moitié de la planète ! Avec trois ou quatre relais de ce type, régulièrement espacés autour de la Terre, la couverture de tout le globe (les régions polaires exceptées) est assurée. Ces relais circumterrestres permettent de relier rapidement deux points quelconques de la planète, où qu'ils se trouvent.

Une multitude d'antennes équipent le site d'Aussaguel-Issus (Haute-Garonne) pour les télécommunications spatiales.

Sans les satellites, pas de télévision mondiale !

Quelles sont les principales possibilités (civiles) offertes par les télécommunications spatiales ?

• établir des communications téléphoniques à grande distance (satellites et câbles sous-marins sont ici concurrents et complémentaires) ;

• échanger des programmes télévisés au niveau mondial* (*la mondovision* est née en 1969 grâce aux satellites) ;

• fournir directement aux particuliers des programmes télévisés de grande qualité technique, sans passer par des relais terrestres (*télévision directe*) ;

• échanger des données informatiques entre plusieurs établissements, entre les ordinateurs géographiquement éloignés de banques, de laboratoires, d'industriels, etc. ;

• maintenir un contact radio (téléphone, télex, message de détresse...) avec des mobiles (navires de commerce, bateaux de pêche, plates-formes de forage, brise-glaces, avions, trains, camions, etc.) ;

• rétablir rapidement un lien radio avec le reste du monde, dans un pays où le réseau terrestre de télécommunications a été endommagé à la suite d'une catastrophe naturelle (inondations, séismes...).

* Grâce aux satellites, les jeux Olympiques et le Mondial sont aujourd'hui suivis en direct par un ou deux milliards de téléspectateurs.

Antennes paraboliques installées par ce Cubain sur le toit de sa maison à La Havane, pour recevoir les programmes télévisés américains.

Observer la Terre

Tous les randonneurs le savent : on ne découvre vraiment un paysage qu'en prenant de l'altitude.

Le nez collé au sol, on ne voit rien ! Élevons-nous un peu : aussitôt le champ de vision s'élargit, on voit davantage de choses et plus loin.

Pour diverses raisons (stratégiques, scientifiques...), les hommes ont souvent recherché des points hauts pour observer leur environnement : hauteurs naturelles (comme les collines) ou artificielles (ballons ou avions).

Prendre de la hauteur

Depuis quelques années, le satellite artificiel peut constituer une exceptionnelle plate-forme d'observation de la Terre sans équivalent puisqu'il gravite à des centaines (ou des milliers) de kilomètres du sol.

Plus d'un millier de satellites (civils et militaires) ont été lancés dans ce seul but : observer la Terre.

Leurs avantages sont appréciables : rapidité de déplacement, discrétion, étendue du champ de vision, survol de régions d'accès difficile (zones polaires, désertiques, montagneuses, océaniques, etc.). En outre, en utilisant des satellites géostationnaires, on dispose même d'observatoires immobiles par rapport à la surface de la Terre.

Nadar, le précurseur de la photographie aérienne et spatiale.

Caricature de A. Humbert, *Charivari*, 1874.

Le dilemme du photographe

Mais toute médaille a son revers : plus on s'éloigne de l'objet observé, moins on en perçoit les détails.

C'est le dilemme bien connu du photographe : s'il se tient près d'une cathédrale, les sculptures du portail seront visibles sur son cliché, mais le clocher sera coupé ; s'il se recule pour cadrer la totalité du monument, les détails ne seront plus discernables.

De même pour les satellites : on ne peut avoir à la fois la finesse des détails (une bonne « résolution ») et l'étendue du champ de vision. Selon les résultats recherchés, un compromis devra être trouvé.

Aussi utilise-t-on surtout, et souvent de façon complémentaire, deux types de véhicules :

Le satellite *SPOT 4* au travail.

- les satellites à défilement, qui tournent « près » du sol. La résolution de leurs images dépend du matériel utilisé et de l'altitude : quelques décimètres pour les satellites militaires de reconnaissance (souvent entre 200 et 400 km d'altitude, parfois plus bas) ; au mieux, de 2,5 à 5 m pour le satellite civil français *SPOT 5* (à 820 km d'altitude) ;
- les satellites géostationnaires, à 36 000 km. Immobiles au-dessus de l'équateur, ils « voient » en permanence le même disque terrestre (plus du tiers de la surface du globe). Leur résolution au sol est de quelques kilomètres.

De multiples applications

Les instruments d'un satellite d'observation sont braqués vers notre planète. Quelles informations peut-il recueillir ? Quel usage peut-on en faire ?

Quatre grands types de travaux peuvent être confiés aux satellites d'observation de la Terre :

• **Réaliser des images** des zones observées à des fins diverses : télédétection, cartographie, météorologie, océanographie, surveillance militaire, etc.

Dans la plupart des cas, ces images sont formées de points alignés comme celles de la télévision, ce qui permet leur transmission automatique au sol sous forme d'ondes radioélectriques.

Par exemple, les satellites d'observation de la Terre sont chargés de fournir des images de la surface terrestre (montagnes, fleuves, villes, littoral, cultures, forêts...). Elles servent à établir des cartes géographiques, surveiller l'état des cultures et des forêts, étudier l'atmosphère, protéger l'environnement, lutter contre la pollution, rechercher de nouveaux gisements pétroliers ou miniers, aménager le territoire en réalisant de grands travaux (autoroutes, ponts...), etc.

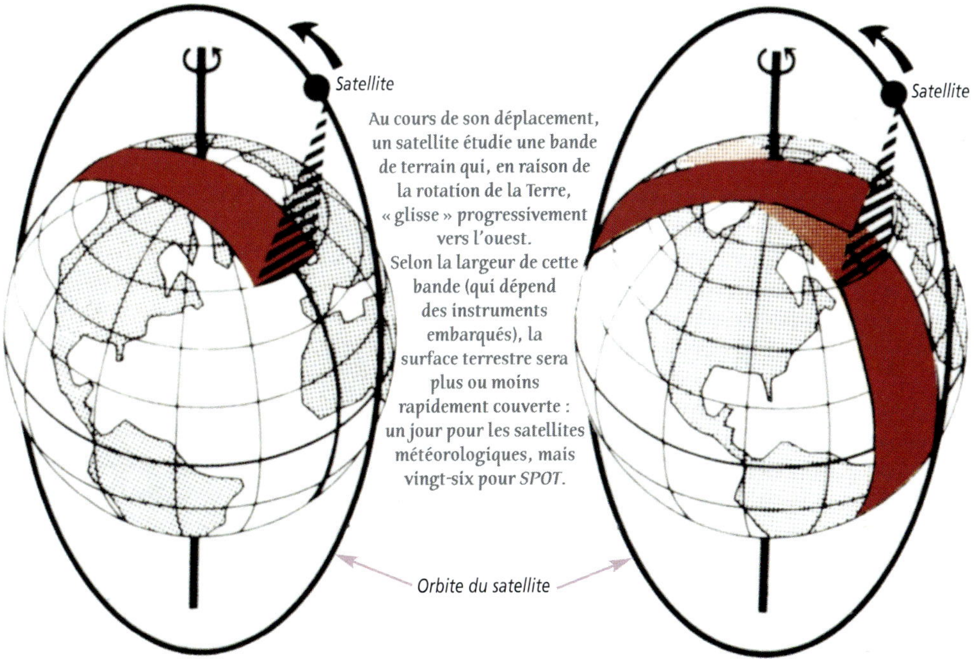

Tous les satellites d'observation de la Terre parcourent des trajectoires qui survolent les régions polaires. Il ne peut en être autrement si l'on souhaite observer la totalité de la planète.

Plusieurs systèmes spatiaux concurrents produisent ce type d'images et les produits dérivés. Ceux obtenus grâce aux satellites français *SPOT* sont commercialisés dans le monde entier par la société Spot Image. Depuis 1986, ils ont transmis plus de huit millions d'images de la Terre.

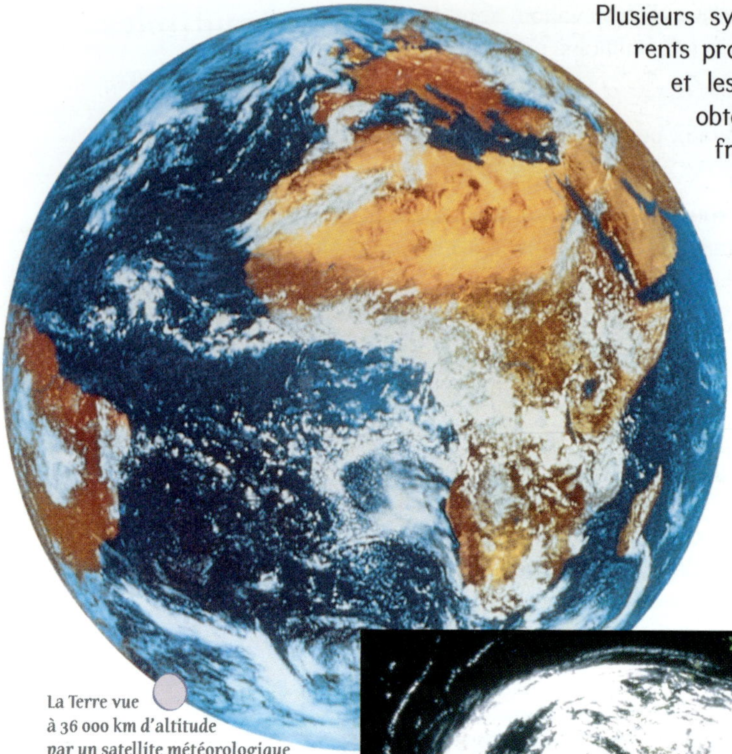

La Terre vue à 36 000 km d'altitude par un satellite météorologique européen *Météosat*. Les couleurs ne sont pas naturelles.

La Terre vue à environ 850 km d'altitude par un satellite météorologique américain *NOAA*. Les couleurs ne sont pas naturelles.

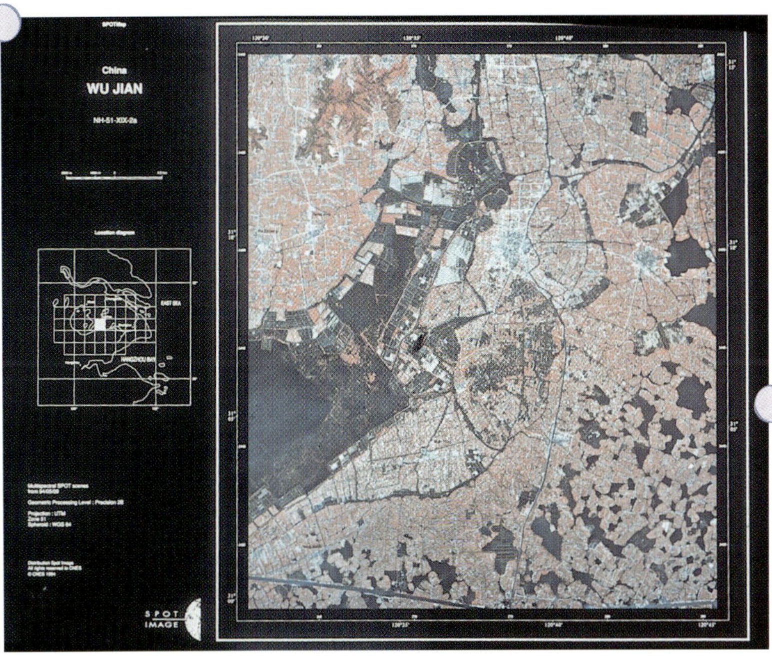

Image de la région de Wu Jian, à l'ouest de Shanghai (Chine), prise par un satellite *SPOT*.

Vue en trois dimensions (et en couleurs naturelles) de l'aéroport de San Francisco (Californie, États-Unis) obtenue à partir d'images prises par *SPOT 5* (résolution : 2,5 m).

• « **Mesurer** » **les océans.** Cette application est relativement récente mais très prometteuse comme l'ont montré les étonnants résultats collectés, en une dizaine d'années, par le satellite franco-américain *Topex-Poséidon* lancé en 1992 et toujours opérationnel onze ans plus tard. En 2001, le satellite *Jason 1*, également franco-américain, est venu prendre la relève.

Équipés de radars altimètres, ces satellites réalisent des mesures de distance (entre le satellite et la surface de l'eau) à partir desquelles on peut connaître, à quelques centimètres près (!), le « relief » précis de la surface des océans et sa « hauteur » par rapport à un niveau sous-marin de référence.

On obtient ainsi, entre autres choses, des « images » de la surface océanique sur lesquelles un code de couleurs distingue les eaux plus ou moins surélevées ou abaissées.

Image de l'océan Pacifique obtenue à partir des mesures d'altimétrie du satellite *Topex-Poséidon*. Un code de couleurs permet de visualiser, en jaune-orangé-rouge, les zones surélevées (par rapport à la normale) – caractéristiques d'un phénomène *El Niño* – et, en vert-bleu-mauve, les zones abaissées. L'échelle donne (en centimètres) l'ampleur des « creux » et des « bosses ».

Les applications sont variées : cartographie des courants marins, étude des « saisons » océaniques (les océans gonflent après l'été et se rétractent après l'hiver), détection et prévision des anomalies climatiques (comme le phénomène *El Niño*), interprétation du rôle des océans dans l'évolution du climat de la planète, surveillance du niveau moyen des océans (qui s'est élevé d'une quinzaine de centimètres en un siècle), meilleure connaissance des marées, compréhension de ce qui se passe sous les océans, etc.

Le satellite d'océanographie *Jason 1*.

Une science nouvelle est en train de naître : l'océanographie opérationnelle, comparable à la météorologie moderne. Tout comme aujourd'hui il existe des bulletins de prévisions météorologiques, dans quelques années, on fournira à divers usagers (chercheurs, sociétés commerciales, pêcheurs, marine marchande ou militaire...) une description de l'océan (passé ou présent) - état de la mer, courants, transports de chaleur, tourbillons, etc. - ainsi que son évolution pour le mois à venir.

Rapace équipé d'une balise *Argos*.

• **Jouer le rôle de sentinelles électroniques** très vigilantes, toujours prêtes à capter un signal radio qui leur est destiné. Là encore, on a affaire à un service original pour lequel le satellite est sans rival.

Il peut s'agir d'un « message » émis par une des milliers de balises dispersées de par le monde (sur Terre, sur mer ou dans les airs) et qui transmettent ainsi divers résultats de mesures (température, pression atmosphérique...) à l'intention de scientifiques travaillant à des milliers de kilomètres de là : c'est la fonction collecte de données.

De plus, on est en mesure de localiser ces balises, ce qui est très utile lorsqu'elles sont installées sur des mobiles (navires, bouées dérivantes, ballons...). Cette possibilité a donné naissance à des applications originales : étude des migrations animales, des déplacements d'icebergs, de la circulation atmosphérique, localisation des concurrents de courses de voiliers, etc.

Le système français *Argos* a popularisé cette application : il surveille en permanence environ neuf mille balises localisées à quelques centaines de mètres près.

Conçu sur le même principe qu'*Argos*, le système *Cospas-Sarsat* permet de venir rapidement en aide aux navires, avions ou explorateurs en détresse. Depuis 1982, plus de 14 000 personnes ont été secourues de cette manière.

Le système *Cospas-Sarsat*.

• **Servir de repère** à divers mobiles (avions, navires, sous-marins, unités militaires...) qui souhaitent déterminer eux-mêmes, discrètement, leur position géographique.

Ces satellites, dits de navigation (car ils facilitent la circulation de ces mobiles), diffusent régulièrement, sous forme d'ondes radio, des informations codées que seul un équipement adapté peut capter et exploiter afin d'en déduire les coordonnées géographiques du lieu où il se trouve. Dans le meilleur des cas, la précision peut atteindre une dizaine de mètres.

Actuellement, les États-Unis et la Russie disposent chacun d'un système de ce type (respectivement *Navstar/GPS* et *Glonass*) à couverture mondiale, destinés à la fois aux civils et aux militaires. En 2002, l'Europe a décidé de mettre en place son propre système de positionnement par satellites, *Galileo*, qui devrait entrer en service en 2008.

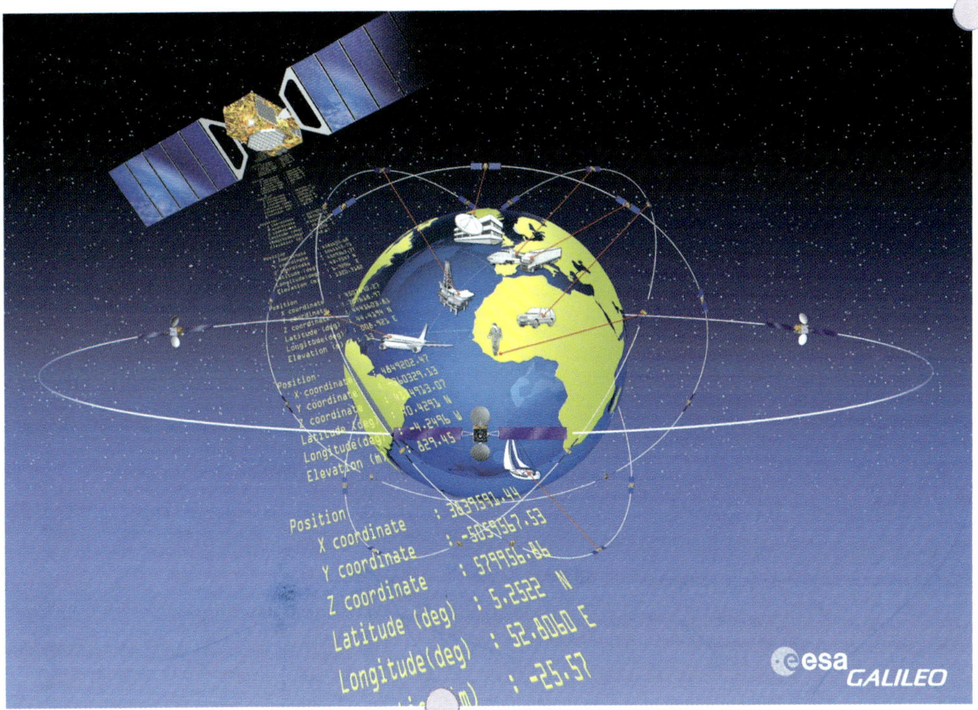

La future constellation *Galileo* comprendra 30 satellites (dont 3 de secours) répartis sur trois orbites à 23 616 km d'altitude, inclinées de 56° sur l'équateur.

Fournir des informations stratégiques

Les militaires (essentiellement russes et américains) sont les premiers utilisateurs de l'espace : plus de la moitié des satellites artificiels lancés depuis 1957 (soit plus de 2 000) leur ont été destinés.

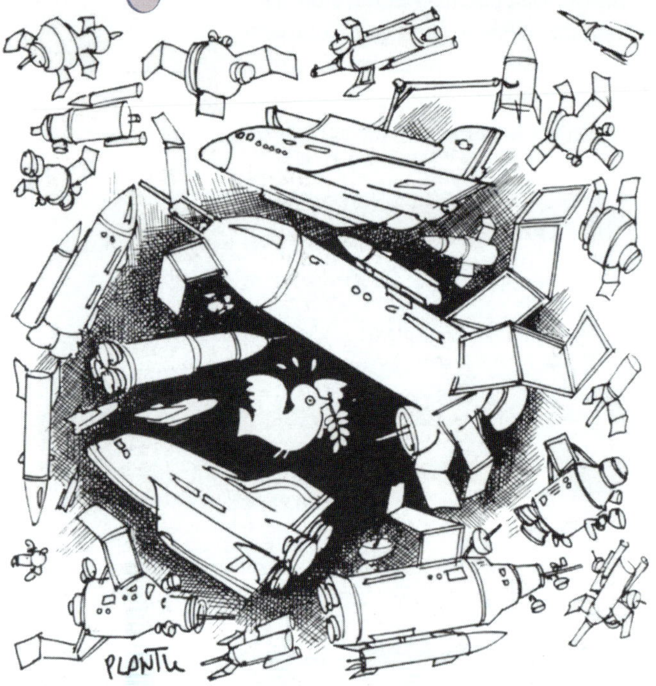

L'apport de ces engins est sûrement considérable et original puisqu'on admet qu'environ les deux tiers des informations recueillies et transmises pas les états-majors, dans les armées modernes, le sont par le biais de l'espace.

Car c'est bien de renseignements, sous diverses formes, qu'il s'agit : les satellites à usage militaire sont avant tout des observateurs ou des messagers. Ils ne sont nullement agressifs et ne transportent pas la moindre arme.

Des sentinelles électroniques très discrètes...

Par son aptitude à survoler la totalité de la planète, rapidement et en toute légalité (puisque l'espace extra-atmosphérique appartient à tous), le satellite peut devenir un espion de choix dont la mission consiste à voir, écouter ou communiquer.

Détaillons-en les principales activités.

• L'observation. Équipés de puissants télescopes et évoluant à basse altitude (de 200 à 300 km), les satellites de reconnaissance et de surveillance photographient la Terre avec une précision extrême : ils distinguent des détails inférieurs au mètre ! Dès lors, rien ne leur échappe : installations militaires et industrielles, mouvements de troupes, de camions, de navires, routes, pistes pour avions, etc.

L'espace est une zone internationale

Le droit de l'espace, branche du droit international, voit le jour le 27 janvier 1967, à l'initiative de l'Organisation des Nations unies (ONU), avec la signature du Traité de l'espace.

Il se propose de réglementer les activités de tous les pays en matière d'exploration et d'utilisation de l'espace extra-atmosphérique, y compris la Lune et les autres corps célestes.

Retenons deux des principes qui y sont exprimés :

- ces activités doivent être menées *« pour le bien et dans l'intérêt de tous les pays, quel que soit le stade de leur développement économique ou scientifique »* ;
- l'espace *« ne peut faire l'objet d'appropriation nationale par proclamation de souveraineté, ni par voie d'utilisation ou d'occupation »*.

Parmi les autres obligations contenues dans ce traité, on notera l'interdiction d'installer dans l'espace des armes nucléaires ou de destruction massive.

Ainsi renseigné, on peut connaître la capacité militaire, les moyens réels, les activités et les intentions de son adversaire (ou de son allié). En particulier, ces satellites servent, d'une façon occulte, aux contrôles concernant les armes nucléaires. Il n'est plus un conflit pour lequel les photographies prises depuis l'espace n'apportent des informations de première valeur. La presse y fait souvent allusion.

Selon les cas, les photographies sont recueillies soit au moyen de capsules récupérables (qui rapportent les films sur Terre), soit par transmission radio.

En France, la Délégation générale pour l'armement s'est dotée - en coopération avec l'Italie et l'Espagne - d'un système spatial de reconnaissance optique, *Hélios*, dont les deux premiers satellites ont été lancés en 1995 et en 1999.

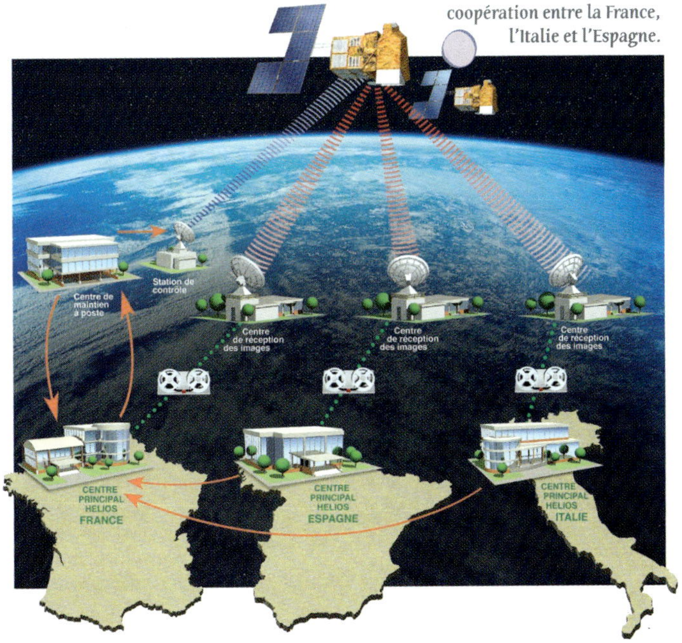

Éléments du système *Hélios*, pour l'observation militaire, réalisé en coopération entre la France, l'Italie et l'Espagne.

• L'alerte avancée. Grâce à leurs détecteurs infrarouges très sensibles, certains satellites géostationnaires sont capables de repérer tout lancement de missile intercontinental ou toute explosion nucléaire.

• L'écoute. Certains satellites se consacrent à l'interception (et à l'analyse) des émissions radio et radar adverses afin, par exemple, de mieux connaître l'activité stratégique dans telle région ou de déterminer le matériel utilisé (localisation, caractéristiques...).

• Les télécommunications. Communiquer représente une activité vitale pour les armées. Les satellites géostationnaires établissent des liaisons permanentes entre les autorités militaires et leurs diverses unités (terrestres, navales et aériennes) dispersées à travers le monde.

• La navigation. Les satellites affectés à cette fonction diffusent, par radio, des informations codées permettant aux mobiles (ou à des unités fixes) de déterminer leur position géographique à une dizaine de mètres près.

Par ailleurs, il faudrait également citer les informations relatives à la météorologie, la géodésie, l'océanographie, etc. que les satellites sont en mesure de fournir aux militaires.

... mais vulnérables

Puisqu'ils sont stratégiquement si importants, ne peut-on, en cas de conflit majeur, chercher à détruire les plus gênants de ces satellites militaires ? En effet, leur capacité de manœuvre est réduite et les plus bas d'entre eux constitueraient des cibles assez faciles à atteindre, ainsi que l'ont montré divers essais réalisés jadis, sur leurs propres satellites, par les Soviétiques et les Américains (dans le premier cas, au moyen d'un satellite tueur qui, arrivé près de sa cible, la bombarde de billes, dans le second cas, à l'aide d'un missile lancé depuis un avion).

L'utilisation militaire des données spatiales, comme ici au centre principal Hélios France de Creil (Oise), constitue aujourd'hui un élément essentiel d'une stratégie de défense.

Par ailleurs, il est tout à fait possible « d'aveugler » un satellite au moyen d'un faisceau laser émis du sol.

C'est là une extrémité que les deux puissances spatiales ont envisagée. Et pour trouver une parade aux armes antisatellites, ils cherchent ou bien à « durcir » leurs satellites, à accroître leur résistance à l'agression, ou bien à les rendre plus manœuvrables.

Pourtant, compte tenu du climat politique mondial actuel, il est plus vraisemblable de penser que certains satellites pourraient se voir confier des tâches plus pacifiques comme la vérification des accords de désarmement ou des décisions internationales.

Scruter l'Univers

La lumière et rien d'autre ! Jusqu'au milieu du XXe siècle, les astronomes qui cherchaient à comprendre l'Univers n'ont eu à leur disposition que la lumière visible provenant de tel astre ou de telle galaxie.

En analysant cette lumière, ils ont extrait des informations d'une grande richesse sur la forme, la composition, la température et les propriétés « d'objets » astronomiques pourtant très très éloignés de nous.

Supprimer l'écran atmosphérique

Puis le satellite artificiel est apparu. Il apportait à l'astronome la possibilité de placer ses instruments (télescopes, détecteurs...) en orbite terrestre, au-dessus de l'atmosphère qui s'interpose entre l'Univers et nous. Les progrès furent considérables. Pourquoi ?

D'une part, les images obtenues sont de meilleure qualité, car la lumière visible n'a plus à traverser cette masse gazeuse turbulente qui déforme les images.

D'autre part, on peut capter d'autres types de « lumière » (ultraviolette, infrarouge, X ou gamma) et des particules qui sont totalement (ou presque) arrêtées par l'atmosphère et n'atteignent jamais le sol. Ce sont là de nouvelles sources d'informations très précieuses.

Les satellites ont révélé un Univers très différent de l'Univers « visible », beaucoup plus agité, où se déroulent parfois des événements d'une extrême violence. On sait aujourd'hui qu'il recèle une grande diversité « d'entités » insolites : quasars, étoiles à neutrons, pulsars, restes de supernovae, etc.

Satellisation par la navette américaine, en 1990, du télescope spatial *Hubble*. Depuis, des astronautes sont allés plusieurs fois assurer sa maintenance en orbite.

Des observatoires sur orbite

Depuis 1957, plusieurs dizaines de satellites astronomiques ont été lancés dont les plus récents sont : *Hubble, GRO/Compton, ISO, Soho, XMM/Newton, Integral, Sirtf*...

Un satellite astronomique moderne est télécommandé depuis la Terre et son exploitation est assurée, 24 heures sur 24 et en direct, par un grand nombre de scientifiques du monde entier : on peut donc parler véritablement d'un observatoire orbital.

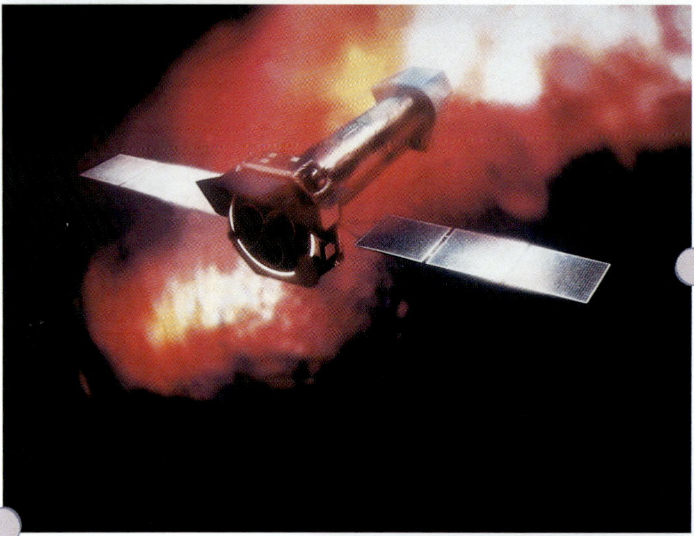

Satellisé en décembre 1999, l'observatoire astronomique européen *XMM/Newton* étudiera les émissions de rayonnement X (associées à des événements violents) pendant au moins une dizaine d'années.

Lancé en octobre 2002, le satellite européen *Integral* est conçu pour capter le rayonnement gamma émis par les phénomènes d'une violence extrême (explosions d'étoiles/supernovae, trous noirs, pulsars, quasars...).

Toutefois, en raison de leur coût, les missions astronomiques spatiales resteront toujours en nombre limité : on les réserve à des recherches impossibles à mener depuis le sol. Il ne faudrait surtout pas croire que l'arrivée des satellites artificiels a rendu inutiles les travaux que des milliers d'astronomes réalisent dans leurs observatoires terrestres.

Les deux approches se complètent et contribuent au progrès de la science astronomique.

Lancé en août 2003, le satellite américain *Sirtf* travaillera dans l'infrarouge. Il étudiera les étoiles et les galaxies les plus lointaines et les plus anciennes de l'Univers, les objets froids du système solaire (Uranus, Neptune...) et les disques de poussières donnant naissance aux planètes.

Dès 2006, *Corot* (de conception française) devrait être le premier satellite lancé pour rechercher de nouvelles exoplanètes, ces « autres terres » qui gravitent autour « d'autres soleils ».

Explorer le système solaire

Les étoiles sont inaccessibles ! Jamais sans doute nos engins artificiels n'iront les étudier sur place. Par contre, le système solaire, lui, est à notre portée grâce aux sondes spatiales (ou interplanétaires, c'est-à-dire qui voyagent entre les planètes).

Aller sur place

Projetée dans le système solaire, une sonde spatiale va à la rencontre d'un corps céleste afin de l'étudier de près, et pour cela parcourt les centaines de millions de kilomètres qui nous en séparent. Une aubaine pour les astronomes qui, depuis toujours, sont condamnés à étudier à distance.

En quarante ans, une soixantaine de sondes, munies de divers instruments de mesure, ont ainsi quitté la Terre et approché beaucoup d'objets célestes : les planètes, leurs satellites naturels ou leurs anneaux... et même une comète (celle de Halley) qui était de passage près du Soleil en 1986 !

De plus, à peu près autant de sondes ont été exclusivement consacrées à l'étude et à l'exploration de la Lune. Avec les capsules *Apollo*, les États-Unis y ont même fait débarquer douze astronautes entre 1969 et 1972.

Lancée au début de 2004, la sonde européenne *Rosetta* devrait rejoindre dix ans plus tard le noyau de la comète Churyumov-Gerasimenko et y déposer quelques appareils pour en analyser le sol.

Des missions complexes et coûteuses

Réussir une telle rencontre revient à organiser un rendez-vous, très loin d'ici, entre un objet céleste (qui a son mouvement propre, très rapide mais prévisible) et une sonde qui devra :

- être lancée à une date imposée (qui dépend des positions de la Terre et du corps visé), avec une extrême précision ;
- supporter un très long voyage : de quatre à six mois pour Vénus, de six à neuf mois pour Mars, une dizaine d'années pour Uranus ou Neptune ;
- disposer d'instruments capables de fonctionner longtemps sans défaillance ;
- retransmettre par radio toutes ses informations (images et résultats de mesure) puisque la plupart des sondes ne reviennent pas sur Terre.

En juin 2004, la sonde *Cassini* (États-Unis) atteindra Saturne, puis larguera la petite sonde *Huygens* (Europe) qui traversera l'atmosphère du satellite Titan avant de se poser à sa surface.

Lancée le 2 juin 2003, *Mars Express* est la première sonde européenne destinée à l'étude de la planète Mars.

Des mondes fantastiques !

Toutes les planètes, sauf Pluton, ont été survolées au moins une fois par au moins une sonde. Les plus proches de nous, Mars et Vénus, ont été étudiées plus longuement par des véhicules spatiaux (américains ou russes) qui se sont satellisés autour d'elles ou qui ont atterri sur leur sol. Ces mondes étonnants, très différents du nôtre, n'abritent apparemment aucune trace de vie et sont invivables... du moins pour nous !

En juin-juillet 2003, deux sondes identiques, *Spirit et Opportunity*, ont été lancées vers Mars par les États-Unis. Chacune libérera à sa surface un exemplaire de ce robot mobile, *Mars Exploration Rover*.

Mars, surtout, connaît un regain d'intérêt et plusieurs missions (dont une collecte automatique d'échantillons du sol et leur retour sur Terre) sont en projet. Il n'est pas exclu que l'Homme aille lui-même sur place mais sans doute pas avant le milieu de ce siècle.

Les planètes géantes nous ont été révélées par quatre sondes américaines (*Pioneer 10* et *11*, *Voyager 1* et *2*). L'extrême diversité (de forme, d'aspect, de couleur...) de leurs satellites naturels a frappé les astronomes. Tantôt des mondes inertes de rocs et de glace, recouverts de pics, de failles, de falaises, de craquelures, tantôt des mondes actifs comme Triton (avec ses geysers), Io (avec ses éruptions volcaniques et ses coulées de lave) ou Titan (dont l'épaisse atmosphère d'azote dissimule sans doute des océans ou des lacs d'hydrocarbures, des pluies et des nuages de méthane).

Lancée en 1997, la sonde *Cassini-Huygens*, réalisée conjointement par les États-Unis et l'Europe, file en direction de Saturne qui sera atteinte en juin 2004. Un peu plus tard, elle larguera la petite sonde *Huygens* qui traversera et analysera l'atmosphère de son gros satellite Titan avant de se poser sur une surface dont on ignore si elle est liquide ou solide.

Les astronautes des trois dernières missions *Apollo* (1971-1972) ont disposé d'une « jeep » pour explorer la surface lunaire.

Expérimenter sans pesanteur

Peut-on construire un laboratoire dans lequel la pesanteur serait inexistante ? Sur Terre, c'est irréalisable* puisque cette force est une constante de notre environnement habituel : elle s'exerce partout et sans cesse.

* Sauf pour des durées de quelques secondes à l'intérieur de tours d'impesanteur ou dans des avions en vol parabolique.

L'impesanteur est une pure « production » de l'espace

Par contre, il en va tout autrement avec un vaisseau spatial : en raison de son mouvement de chute libre, il se trouve constamment (ou presque) débarrassé de la pesanteur. On dit qu'il est en état d'impesanteur *(voir p. 33)*.

Cet environnement insolite est imposé à tout ce que contient le vaisseau (hommes et matériel).

On est donc en présence d'un milieu très particulier dans lequel vont pouvoir être entreprises des expériences tout à fait inédites, irréalisables sur Terre et inenvisageables avant l'arrivée des satellites artificiels.

De ce point de vue, l'espace apparaît comme un milieu expérimental exceptionnel qui offre un nouveau moyen d'analyser la matière vivante ou inerte.

Seul un vaisseau spatial peut offrir une impesanteur durable.

Des conséquences surprenantes

Comment la disparition de la pesanteur se traduit-elle à bord d'un vaisseau spatial ?

Outre ses conséquences sur la vie quotidienne *(voir p. 71)*, les spationautes ressentent profondément les effets de l'impesanteur : leur circulation sanguine est très perturbée (afflux de sang vers le thorax, le cou et la tête) de même que leur sens de l'équilibre ; leur organisme se déminéralise...

Quant à la matière inerte, c'est principalement au sein des liquides que l'impesanteur a des effets spectaculaires.

En effet, sur Terre, la pesanteur agit inexorablement : par exemple, dans un mélange de liquides, le plus lourd ira toujours au fond et le plus léger en surface - pensez à l'exemple familier de la vinaigrette. On imagine dans ces conditions la difficulté de solidifier, d'une façon homogène, un alliage de deux métaux de densités très différentes, ou encore d'obtenir un cristal très pur à partir d'un liquide agité.

Des recherches très originales

Les recherches menées en impesanteur* sont très variées. Elles touchent principalement à deux domaines : les sciences de la vie et les sciences des matériaux. Donnons-en quelques exemples.

* Les spécialistes préfèrent le terme de micropesanteur (du grec *mikros*, « petit ») qui traduit davantage la réalité puisque subsiste toujours une très faible pesanteur, généralement cent ou mille fois plus faible que la pesanteur terrestre habituelle.

• L'homme constitue, nécessairement, un premier sujet d'expériences. En aucun cas, la santé d'un spationaute ne doit être menacée. Il importe donc de savoir comment son organisme s'adapte à ce nouvel environnement, de le préparer en conséquence, de lui imposer, en vol, des exercices compensateurs, enfin de faciliter sa réadaptation sur Terre.

Dans l'espace, les spationautes font l'objet d'une surveillance médicale régulière. De plus, on les soumet à divers examens (électrocardiogrammes, mesures de débit sanguin, prises de sang...) et expériences (tests de vision et d'équilibre, etc.) afin de préciser l'influence de l'impesanteur sur le fonctionnement du corps humain.

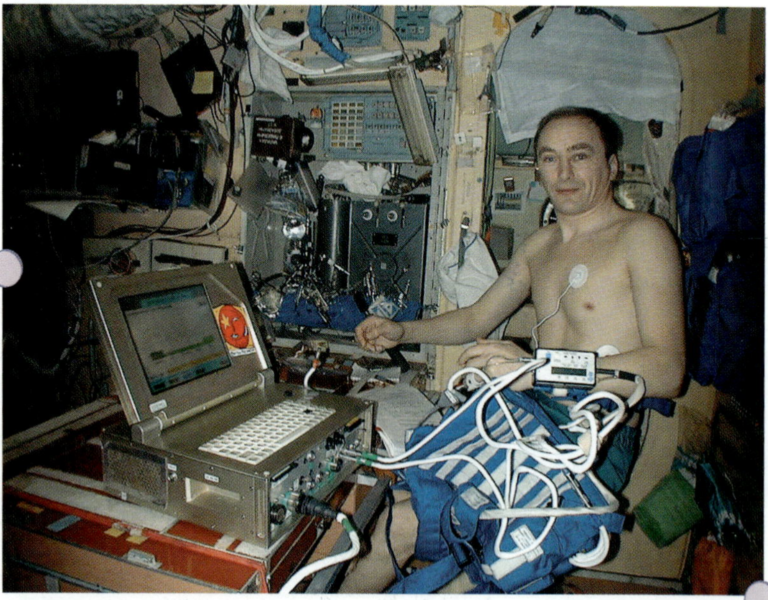

L'étude du corps humain hors de la pesanteur, et plus particulièrement le système cardiovasculaire (comme ici avec l'expérience *Physiolab* à bord de *Mir*, mission *Perseus*, 1999), constitue un important domaine de recherche en orbite.

Un thème de recherche très important concerne la déminéralisation osseuse qui affecte tous les spationautes en raison de l'absence d'efforts physiques à laquelle les condamne l'impesanteur. Cette fragilisation des os, appelée ostéoporose, est bien connue sur Terre : elle touche un grand nombre de personnes âgées et plus spécialement les femmes. C'est un exemple de recherche spatiale dont les résultats pourraient améliorer la vie quotidienne de beaucoup de Terriens.

• Des animaux et des plantes sont, de temps à autre, embarqués sur des satellites artificiels (habités ou non). Là encore, on cherche à définir l'influence de l'impesanteur (et celle du rayonnement cosmique, plus important qu'au sol) sur les organismes vivants ou sur la croissance de telle espèce végétale.

Citons pêle-mêle quelques exemples de sujets soumis à ces expériences de biologie ou de botanique spatiale : grenouilles, tortues, abeilles, araignées, poissons, rats, singes, œufs divers (caille, drosophile...), haricot, cresson, laitue, carotte, oignon, blé, maïs, tabac, algues, etc.

• La matière inerte, enfin, fait aussi l'objet de recherches originales qui portent notamment sur la solidification d'alliages ou de substances qui pourraient posséder des propriétés (mécaniques ou électroniques) intéressantes.

On le voit, il s'agit là, avant tout, de recherche fondamentale et il n'est encore nullement question d'usines spatiales où seraient fabriqués, en quantité industrielle, des produits miraculeux ainsi que l'annoncent, de temps en temps, certains médias.

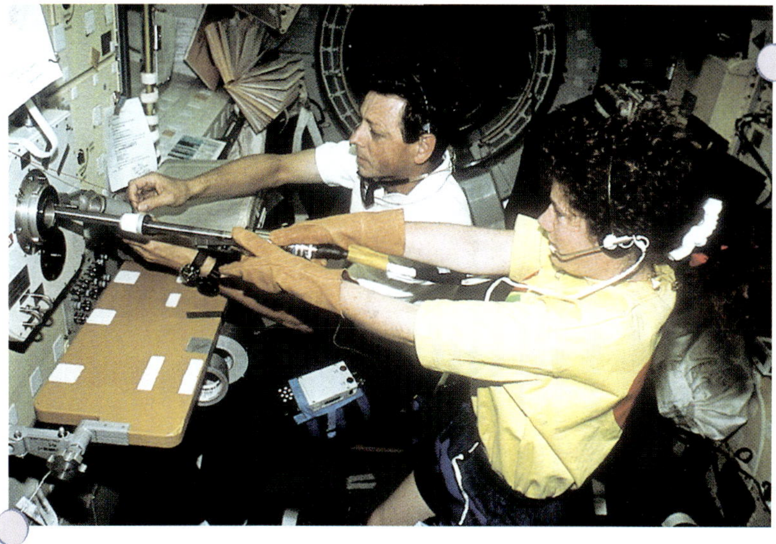

Dans le cadre d'une expérience de métallurgie spatiale dans la navette américaine (mission *STS 78*, 1996), ces deux astronautes extraient une cartouche de matériaux qui a été chauffée, puis refroidie : sans pesanteur, sa cristallisation s'est déroulée sans les perturbations inévitables au sol.

L'HOMME ORBITAL

L'espace fascine : après y avoir envoyé des objets plus ou moins robotisés, puis des animaux, l'homme n'a pu se retenir d'y aller lui-même.

Il y a découvert des conditions de vie difficiles, un état physique insolite, l'impesanteur, mais propice à des expérimentations originales. Du haut de son « perchoir », sa planète lui est apparue sous un jour nouveau. Et il a certainement lorgné, avec convoitise, les profondeurs obscures et glaciales du système solaire…

La station *Mir* en novembre 1995.

Les stations orbitales : des laboratoires à... 400 km du sol !

Pendant une dizaine d'années, les spationautes n'ont exploré l'espace qu'au moyen de petites capsules inconfortables où seule la position accroupie ou couchée était possible.

Leurs séjours ne pouvaient donc être que de courte durée et de peu d'intérêt sur le plan scientifique.

Rapidement s'imposa l'idée d'utiliser une structure plus vaste, demeurant plusieurs années en orbite, capable d'offrir de meilleures conditions de séjour et de travail : une véritable base scientifique, dotée d'un important matériel, comme il en existe par exemple dans les régions polaires.

En trente ans, neuf stations utilisées

De 1971 à 2001, neuf stations orbitales ont été lancées : huit par la Russie, une par les États-Unis. Aujourd'hui, il n'en reste rien : elles ont toutes été volontairement désintégrées lors de leur rentrée dans l'atmosphère de la Terre. (Une station orbitale est toujours lancée sans occupant. Pour la rejoindre ou en revenir, l'équipage utilise des vaisseaux spatiaux.)

Pionnière en ce domaine, la Russie (qui s'appelait alors l'Union soviétique ou URSS) a satellisé, de 1971 à 1982, sept stations *Saliout* dont la durée de vie a été variable :

- *Saliout 1* (lancement : avril 1971 - destruction : octobre 1971) : occupée 23 jours par trois hommes ;
- *Saliout 2* (avril/mai 1973) : aucune occupation ;
- *Saliout 3* (juin 1974 - janvier 1975) : occupée deux semaines par deux hommes ;
- *Saliout 4* (décembre 1974 - février 1977) : occupée pendant un mois, puis deux mois ;
- *Saliout 5* (juin 1976 - août 1977) : occupée 46 jours, puis 18 jours.

Ces cinq stations appartenaient à la première génération de stations dotées d'un seul collier d'amarrage auquel le vaisseau de l'équipage en visite restait accroché durant le séjour, ce qui empêchait tout ravitaillement et limitait, évidemment, la durée de la mission. Les cosmonautes devaient apporter avec eux une importante quantité d'eau et de nourriture.

C'est à cette époque (en mai 1973) que les États-Unis ont satellisé leur première (et unique) station orbitale, *Skylab*, qui a reçu trois équipages de trois hommes (pour des séjours d'environ un mois, deux mois et trois mois) avant de se désintégrer dans l'atmosphère en juillet 1979.

Les deux stations russes suivantes - dites de deuxième génération - possédaient deux colliers d'amarrage (un pour le vaisseau de l'équipage, un pour les vaisseaux-cargos de ravitaillement) :

- *Saliout 6* (septembre 1977 - juillet 1982), dont le cumul des occupations dépasse 22 mois : cinq séjours de longue durée (96 j, 139 j, 175 j, 184 j, et 74 j) incluant onze séjours supplémentaires d'environ une semaine ;
- *Saliout 7* (avril 1982 - février 1991), qui a notamment connu quatre longs séjours (211, 149, 237 et 168 jours). Mais, à partir de 1986, elle a été délaissée au profit d'une nouvelle station, de conception plus moderne, *Mir*.

La station *Saliout 7* en 1985.

La huitième (et à ce jour dernière) station orbitale de la Russie, *Mir*, a bénéficié d'une longévité exceptionnelle de quinze ans. Elle a été assemblée progressivement, comme un Meccano, à partir d'un premier module central (lancé en février 1986) sur lequel se sont successivement accrochés cinq autres modules de 1987 à 1996.

Dans sa configuration définitive, *Mir* mesurait plus de 30 m de long et sa masse avoisinait 130 t. Son volume utile était d'environ 400 m^3 (l'équivalent d'une maison de 130 m^2 environ). En quinze années d'exploitation, elle a été presque occupée en permanence et plus d'une centaine de cosmonautes y ont séjourné (certains à plusieurs reprises), dont une quinzaine pour des missions de longue durée. Le médecin Valeri Poliakov y a effectué un séjour record d'environ quatorze mois (janvier 1994 - mars 1995). La station *Mir* a été volontairement détruite par la Russie le 23 mars 2001.

Assemblage de la *Station spatiale internationale*

Une nouvelle station orbitale, pour le moment dénommée *Station spatiale internationale* (en anglais, *ISS*), est en cours d'assemblage à environ 400 km d'altitude. Les États-Unis, à l'origine du projet, se sont associés à quatre partenaires principaux (l'Agence spatiale européenne, le Canada, le Japon et la Russie).

Le premier élément (*Zarya*) a été mis en orbite en novembre 1998. D'autres éléments ont suivi. Au total, une cinquantaine de missions devraient être nécessaires pour parvenir à l'assemblage complet de la station, attendu vers 2006. Cet immense complexe mesurera alors plus de 100 m de long, aura la surface d'un grand terrain de football et un volume habitable de 1 200 m^3.

Des équipages s'y relaieront tout au long de son exploitation qui devrait se poursuivre au moins une quinzaine d'années.

Vue d'artiste de la station *ISS* à son achèvement, en 2006.

Des expériences très variées

Dans les stations spatiales, on met à profit la présence de l'homme qui peut manipuler beaucoup d'appareils différents, s'adapter à des situations imprévues, accomplir un travail très riche dont sont incapables les satellites automatiques, conçus pour des tâches programmées ou répétitives.

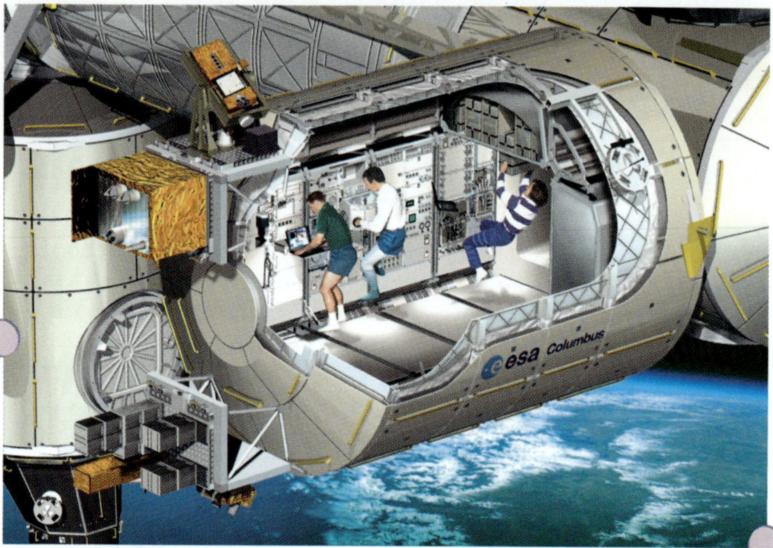

Fourni par l'Europe, le laboratoire *Columbus* devrait rejoindre la station *ISS* à la fin de l'année 2004.

Les recherches multiples menées par les spationautes et exploitées par les chercheurs portent notamment sur les effets de l'absence de pesanteur, la médecine, l'astronomie, l'observation de la Terre, etc.

(*voir* Expérimenter sans pesanteur, *pages 63 à 65*).

L'Europe fournira plusieurs véhicules *ATV* pour le ravitaillement de la station *ISS*. Le premier d'entre eux, *Jules-Verne*, devrait quitter la Terre à l'automne 2004.

Vivre dans un vaisseau spatial

Plus que l'éloignement de la Terre ou la claustration permanente, ce qui caractérise la vie dans un vaisseau spatial, c'est l'impesanteur ! Pour ses occupants, elle complique tout : les déplacements, le travail, les repas, etc.

Le mal de l'espace

C'est étonnant : tel un plongeur sous-marin, le spationaute semble nager dans son vaisseau. Son poids n'est plus perceptible, les repères habituels comme le haut et le bas ont disparu.

De ce fait, les spationautes éprouvent souvent la désagréable sensation de tomber sans cesse dans le vide. Environ la moitié d'entre eux ressentent, durant les premiers jours, les symptômes du mal de l'espace : vertiges, nausées, vomissements...

Puis l'organisme s'adapte. Néanmoins vont subsister des perturbations importantes affectant le système cardiovasculaire, le sens de l'équilibre, le squelette, les muscles (qui s'atrophient). L'organisme n'est pas en danger : il est simplement éprouvé.

La vie quotidienne

Comment organiser la journée d'un spationaute dont le vaisseau est si rapide qu'il lui offre seize levers de Soleil par jour ? On l'adaptera au rythme de la vie sur Terre, l'heure officielle sera celle en vigueur au centre qui contrôle la mission.

Pour dormir, le spationaute se glisse dans un sac de couchage accroché à une paroi mais n'y trouve pas le réconfort d'une vraie nuit terrestre car les muscles ne se relâchent jamais totalement. Dans l'espace, on souffre souvent de son dos.

Au réveil, comme sur Terre, on se préoccupe de son corps. Les hommes se rasent, se lavent avec des serviettes humides. Pour les besoins naturels, des toilettes (d'aspect classique) existent : les excréments sont aspirés et stockés pour être détruits ultérieurement.

Et la santé ? Des médicaments variés aident à combattre les troubles habituels (douleurs, migraines, diarrhées ou constipation...). Quelques instruments de petite chirurgie sont également disponibles. Depuis le sol, par radio, des médecins peuvent aider à un diagnostic. À deux ou trois reprises, les Russes ont dû procéder au retour d'urgence sur Terre d'un cosmonaute.

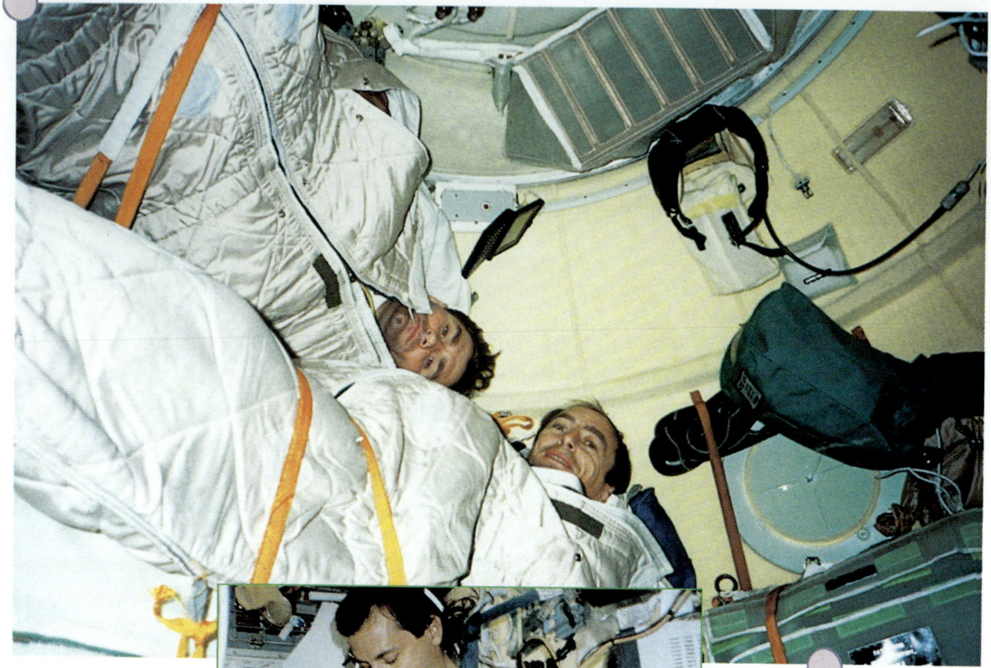

Sacs de couchage spatiaux.

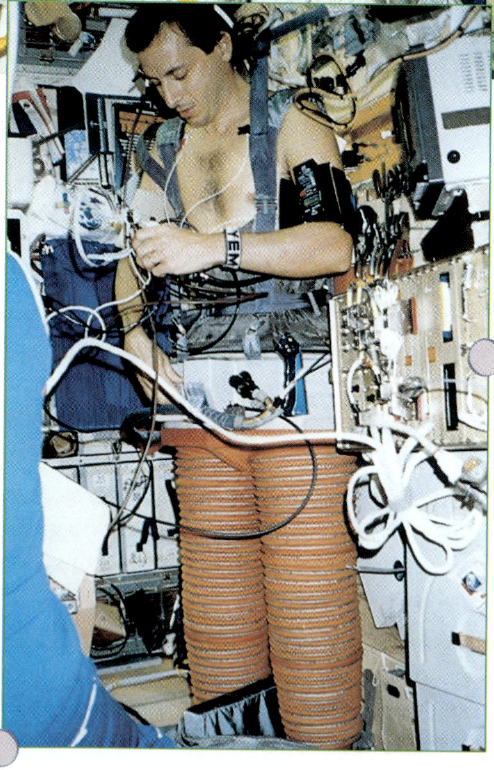

Pour favoriser la descente du sang dans les jambes, les occupants de la station *Mir* enfilaient, de temps en temps, le pantalon Tchibis.

Pour s'alimenter, une nourriture variée et agréable est disponible sous diverses formes (conserves, produits réfrigérés ou lyophilisés...).

Et les boissons ? En raison de leur tendance à se fragmenter en une multitude de gouttelettes, les liquides ne sont jamais laissés à l'air libre mais restent contenus dans des sachets plastiques d'où ils sont aspirés à l'aide d'un petit tube.

Sans pesanteur, les liquides se fractionnent en boules.

Les loisirs sont indispensables pour les longs séjours : lecture, musique, télévision, jeux sur ordinateur...

Gymnastique indispensable

Le plus mauvais souvenir d'un long séjour dans l'espace ? *« La gymnastique quotidienne ! »*, les spationautes sont unanimes sur cette question mais ils n'ont pas le choix ; deux ou trois semaines d'impesanteur sans exercice musculaire les mettraient en danger.

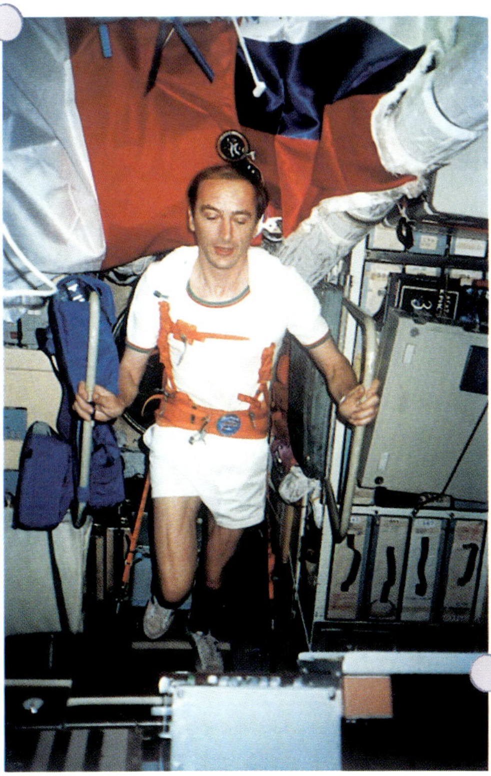

Séance de tapis roulant à bord de *Mir*, en 1993.

Un organisme trop bien adapté à l'absence de pesanteur serait exposé aux troubles les plus graves en revenant sur Terre. Pour le maintenir en bonne condition et pour préparer le retour sur Terre, un seul remède : des exercices physiques (bicyclette, marche sur tapis roulant...). Sur *Mir*, les cosmonautes y consacraient jusqu'à trois heures par jour.

Travailler malgré l'impesanteur

L'intérieur de la navette américaine (vol *STS 78*, 1996).

> *« Je regardais, comme dans un rêve, flotter autour de moi les objets qu'on n'avait pas pris soin d'attacher. »* (Gagarine, 1961)
>
> *« Nous n'arrivons plus à tout ranger. Il y a un tas de choses qui flottent autour de nous. Cela devient impossible. »* (Équipage de *Gemini* 5, 1965)

Sans un minimum de précautions, le travail sans pesanteur serait absolument… infernal. Car on se trouve dans l'impossibilité de poser quoi que ce soit.

Essayez donc de bricoler quelques minutes en vous interdisant de lâcher le moindre objet ! Une seule solution : systématiquement tout ranger ou fixer les choses qu'on n'utilise pas. D'où l'abondance de systèmes magnétiques, de courroies élastiques et de bandes Velcro le long des parois ou sur les tables de travail d'un vaisseau spatial habité.

Pour s'immobiliser à un poste de travail, les spationautes doivent se bloquer les jambes et les pieds dans des dispositifs spéciaux.

Quitter son vaisseau

Les missions de la navette américaine et l'occupation continue de la *Station spatiale internationale* comportent fréquemment des « sorties extravéhiculaires », à l'extérieur du vaisseau, pour lesquelles les spationautes doivent revêtir un scaphandre pressurisé et climatisé. Par précaution, deux courroies les relient à leur vaisseau.

Sur la navette, ces sorties permettent l'inspection du vaisseau, le déploiement de grandes structures, la mise en orbite de satellites artificiels, la maintenance de certains satellites (comme le télescope spatial *Hubble* qui a connu quatre séries d'interventions en orbite depuis son lancement en 1990). En 1984, deux satellites en panne ont même été récupérés, ramenés au sol pour remise en état, puis de nouveau satellisés en 1990 !

Sur la *Station spatiale internationale*, actuellement en construction, les sorties extravéhiculaires sont indispensables pour faire avancer le chantier et déplacer des éléments. On estime que, d'ici à 2006, son assemblage va exiger plus de 150 sorties d'environ six heures chacune avec deux participants, soit l'équivalent de 2 000 h de travail extérieur.

À la veille du lancement du premier élément de cette station, en 1998, on dénombrait déjà plus de 160 sorties extravéhiculaires - moitié du côté russe, moitié du côté américain - représentant plus d'un millier d'heures de travail passées dans le vide depuis 1965.

La plus longue de toutes ces sorties a été réalisée les 10 et 11 mars 2001, par deux Américains (Susan J. Helms et James S. Voss), à l'occasion d'aménagements à l'extérieur de la station *ISS*: elle a duré 8 h 56 min, le temps de parcourir... six fois (!) le tour de la Terre. Ces « marcheurs de l'espace », comme les appellent les Américains (*spacewalkers*), ont ainsi connu alternativement six courtes nuits et six périodes de forte clarté solaire.

Intervention à l'extérieur de la station *Mir* (mission *Perseus*, 1999).

Les « travailleurs de l'espace » en chiffres

Les marches lunaires d'*Apollo* (1969-1972) ont conduit quelques hommes à s'éloigner de leur terre natale : un exploit technique mais un pas bien petit à l'échelle du système solaire.

Plus de 200 missions spatiales « habitées » en 40 ans

Depuis le vol historique de Iouri Gagarine (1961), premier cosmonaute de tous les temps, plus de deux cents lancements de vaisseaux spatiaux (avec un ou plusieurs occupants, homme ou femme) ont été effectués. (On a donc lancé environ vingt fois plus de satellites automatiques que de vaisseaux habités.)

Depuis 1961, pas une seule année ne s'est écoulée sans au moins un lancement de ce type, l'année la plus « faste » ayant été 1985 avec onze lancements (deux de l'ex-URSS, neuf des États-Unis) et près de soixante spationautes mis sur orbite.

L'intérieur de la station *ISS*
(mission franco-russe *Andromède*, 2001).

En quarante ans, plus de 400 êtres humains (environ 90 % d'hommes ; à peine cent Russes, plus de deux cent cinquante Américains et moins d'une centaine de personnes - ni russe ni américaine - représentant une trentaine de nations) sont allés au moins une fois dans l'espace.

Beaucoup d'entre eux ont participé à plusieurs missions mais deux Américains seulement (Jerry L. Ross et Franklin R. Chang-Diaz) ont à leur actif sept missions. Aucun pour le moment n'en a accompli davantage.

Le plus jeune de tous les partants pour l'espace est toujours Guerman Titov (25 ans lors de son vol en août 1961) et le plus âgé John H. Glenn (77 ans lors de son second vol, en octobre 1998, trente-six ans après le premier !).

Sortie extravéhiculaire
(mission franco-américaine *STS 111*, 2002).

Les dates marquantes

Bien qu'amorcée il y a moins de cinquante ans, l'exploration de l'espace est déjà riche d'une histoire faite de pionniers, de grandes premières, d'exploits, de prouesses techniques, d'audace, de courage et de drames...

1957

4 octobre : l'Union soviétique lance le premier satellite artificiel de la Terre, *Spoutnik 1*, petite sphère métallique de 84 kg.

3 novembre : *Spoutnik 2* (URSS) emporte dans l'espace le premier être vivant, la chienne Laïka.

Le satellite *Spoutnik 1*.

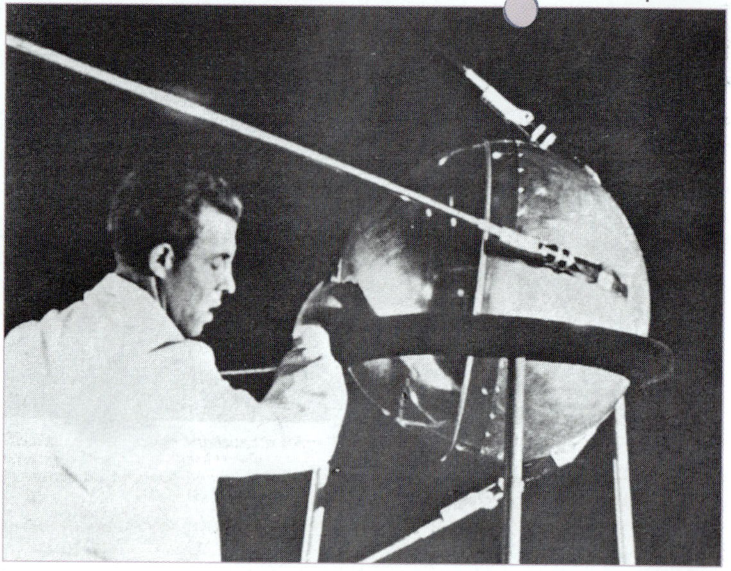

1958

31 janvier : lancement du premier satellite américain (*Explorer 1*) par une fusée américaine (*Jupiter*). Les États-Unis deviennent la deuxième puissance spatiale mondiale.

17 mars : lancement de *Vanguard 1* (États-Unis), dit *Pamplemousse*, l'un des plus petits satellites jamais lancés (diamètre : 16 cm, masse : 1,4 kg).

1959

3 janvier : la première sonde spatiale, *Luna 1* (URSS), « frôle » la Lune et devient la première planète artificielle du système solaire.

de l'aventure spatiale 1957 2003

13 septembre : *Luna 2* (URSS) est le premier objet de fabrication humaine à s'écraser sur la Lune.

7 octobre : survolant la Lune, la sonde *Luna 3* (URSS) nous retransmet, par ondes radio, les premières photos de sa face cachée.

1960

1er avril : *Tiros 1* (É.-U.) est le premier satellite météorologique.

11 août : première récupération d'une capsule spatiale (inhabitée) éjectée par le satellite *Discoverer 13* (É.-U.) resté en orbite terrestre.

12 août : mise en orbite d'*Echo 1* (É.-U.), un très gros ballon* d'aluminium (30 m de diamètre) pour des essais de télécommunications. Jusqu'en 1968, il sera visible à l'œil nu, la nuit, depuis les régions survolées.

*Replié au lancement et gonflé sur orbite.

1961

12 avril : Iouri A. Gagarine (URSS) est le premier homme à parcourir une fois le tour de la Terre en vaisseau spatial (*Vostok 1*). Il devient le premier cosmonaute de l'histoire de l'humanité.

5 mai : premier « bond » dans l'espace d'un astronaute américain (Alan B. Shepard, *Mercury 3*) mais sans satellisation.

25 mai : s'adressant au Congrès américain, le président des États-Unis, J. F. Kennedy, lance officiellement le programme *Apollo* et décide d'envoyer des astronautes sur la Lune avant 1970.

Iouri Gagarine et Valentina Terechkova.

1962

20 février : John H. Glenn devient le premier astronaute américain en accomplissant trois fois le tour du globe terrestre.

10-11 juillet : grâce au satellite *Telstar 1* (É.-U.), des images de télévision franchissent, pour la première fois, l'Atlantique.

12-15 août : premier vol simultané de deux vaisseaux spatiaux habités, *Vostok 3* et *Vostok 4* (URSS).

14 décembre : *Mariner 2* (É.-U.) est la première sonde à survoler, en état de marche, une planète (Vénus).

1963

16 juin : Valentina V. Terechkova (URSS) est la première femme à aller dans l'espace.

1964

31 juillet : premières images « rapprochées » de la Lune prises par *Ranger 7* (É.-U.).

19 août : lancement du premier satellite géostationnaire (*Syncom 3*, É.-U.).

12 octobre : l'URSS satellise le premier vaisseau spatial avec trois occupants, *Voshkhod 1*.

1965

18 mars : évoluant pendant douze minutes hors de sa capsule spatiale, Alexeï A. Leonov (URSS) devient le premier « piéton » de l'espace.

14 juillet : premières images « rapprochées » de la planète Mars (distance : environ 9 850 km) prises par *Mariner 4* (É.-U.).

26 novembre : en plaçant sur orbite son premier satellite, *A1/Astérix* (masse : 42 kg), au moyen d'un lanceur *Diamant A*, la France devient la troisième puissance spatiale du monde.

6 décembre : mise en orbite, par un lanceur américain, de *FR1*, premier satellite scientifique français.

15 décembre : premier rendez-vous spatial (sans contact) de deux vaisseaux habités, *Gemini 6A* et *Gemini 7* (É.-U.).

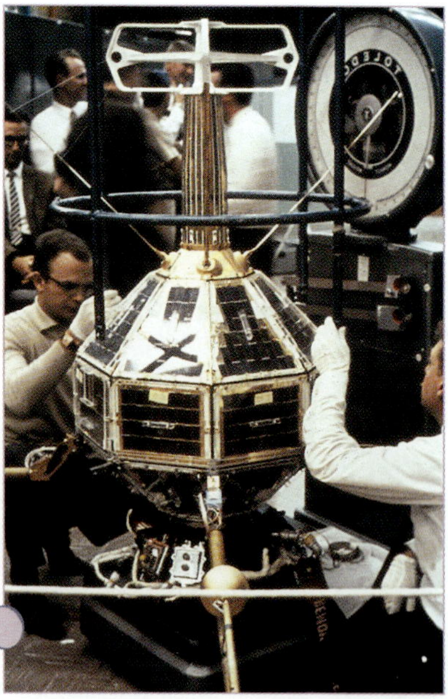

Le satellite français *FR1*.

1966

3 février : premier atterrissage sur la Lune d'une sonde spatiale et premières images prises du sol (*Luna 9*, URSS).

1er mars : pour la première fois, une sonde spatiale (*Venera 3*, URSS) traverse l'atmosphère de Vénus et atteint sa surface.

16 mars : premier amarrage spatial entre un vaisseau habité (*Gemini 8*, É.-U.) et un véhicule inhabité (étage *Agena*, É.-U.).

3 avril : mise en orbite, autour de la Lune, de son premier satellite artificiel, *Luna 10* (URSS).

Le deuxième lanceur français *Diamant A*.

1967

27 janvier : l'incendie de la capsule *Apollo 1*, au sol, lors d'une séance d'entraînement, provoque la mort de trois astronautes américains (V. I. Grissom, E. H. White, R. B. Chaffee).

24 avril : de retour sur Terre, la capsule *Soyouz 1* (URSS) s'écrase sur le sol ; son pilote, Vladimir M. Komarov, est tué.

30 octobre : premier rendez-vous spatial et premier amarrage automatique de deux vaisseaux inhabités, *Cosmos 186* et *Cosmos 188* (URSS).

1968 **17 mai** : lancement, par une fusée américaine, de *ESRO 2B* (alias *Iris*), premier satellite européen destiné à la recherche scientifique.

18 septembre : pour la première fois, un vaisseau spatial emportant des êtres vivants (insectes, tortues, plantes...), *Zond 5* (URSS), contourne la Lune avant de revenir sur Terre.

24 décembre : les trois occupants d'*Apollo 8* (É.-U.) sont les premiers hommes à survoler (à 110 km d'altitude) la surface lunaire.

1969 **16 janvier** : premier amarrage de deux vaisseaux spatiaux habités, *Soyouz 4* et *Soyouz 5* (URSS), et premier transfert de cosmonautes entre les deux.

Aldrin sur la Lune.

23 mai : premier amarrage de deux vaisseaux habités (deux éléments d'*Apollo 10*, É.-U.) en orbite lunaire.

21 juillet : passagers d'*Apollo 11*, Neil A. Armstrong et Edwin E. Aldrin (É.-U.) arrivent sur la Lune. Pour la première fois dans l'histoire, des représentants de l'humanité foulent le sol d'un autre monde. Ils rapporteront 22 kg d'échantillons du sol lunaire.

21 juillet : moins d'un jour après l'alunissage des deux premiers Américains, la sonde *Luna 15* (URSS) - conçue pour collecter de façon automatique et rapporter sur Terre les premiers cailloux lunaires - s'écrase sur la Lune.

1970 **11 février** : lancement du premier satellite japonais (*Ohsumi*) par une fusée japonaise (*Lambda 4S*). Le Japon devient la quatrième puissance spatiale mondiale.

10 mars : première utilisation du Centre spatial guyanais de Kourou pour l'essai en vol d'un nouveau lanceur français (*Diamant B*) et la mise en orbite d'un satellite (*Dial/Mika-Wika*, République fédérale d'Allemagne).

11-17 avril : premier échec d'une mission lunaire habitée, *Apollo 13* (É.-U.), dont l'équipage revient cependant sain et sauf sur Terre.

24 avril : lancement du premier satellite chinois (*Dong Fang Hong 1*) par une fusée chinoise (*Longue Marche 1*). La Chine devient la cinquième puissance spatiale mondiale.

24 septembre : retour sur Terre d'une capsule contenant un peu de sol lunaire (environ 100 g) qu'un engin automatique, *Luna 16* (URSS), est - pour la première fois - allé extraire à 380 000 km d'ici.

17 novembre : transporté entre la Terre et la Lune par *Luna 17* (URSS), un véhicule automatique d'exploration, *Lunokhod 1*, est déposé sur la Lune. Il y parcourra plus de 10 km en deux mois.

15 décembre : premier atterrissage en douceur d'une sonde spatiale, *Venera 7* (URSS), sur le sol de Vénus.

1971

19 avril : satellisation de la première station orbitale, *Saliout 1* (URSS). Elle pèse 19 t et mesure 15 m de long.

6 juin : premier amarrage d'un vaisseau spatial habité (*Soyouz 11*, URSS) à une station orbitale (*Saliout 1*, URSS) et première occupation d'une station spatiale.

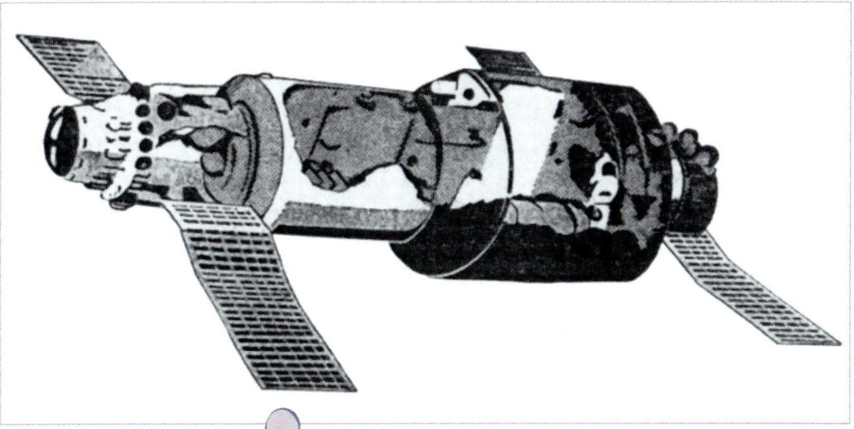

La station *Saliout 1*.
Dessin publié dans les *Izvestia*, et repris par *Le Monde* du 25 juin 1971.

29 juin : la dépressurisation accidentelle du vaisseau *Soyouz 11* (URSS), lors de sa rentrée atmosphérique, provoque la mort de ses trois occupants (G. Dobrovolsky, V. Patsaïev, V. Volkov).

31 juillet : première utilisation d'une « voiture » (*Lunar Rover Vehicle*) sur la Lune (mission *Apollo 15*, É.-U.).

28 octobre : lancement du premier satellite britannique (*Prospero*) par une fusée britannique (*Black Arrow*). La Grande-Bretagne devient la sixième puissance spatiale mondiale.

5 novembre : la première (et unique) tentative d'utilisation du lanceur européen *Europa 2* est un échec.

13 novembre : *Mariner 9* (É.-U.) devient le premier satellite artificiel de la planète Mars. En onze mois de fonctionnement, il transmettra environ 7 000 images de sa surface.

27 novembre : la capsule de descente de la sonde soviétique *Mars 2* est le premier engin artificiel à percuter le sol martien.

2 décembre : premier atterrissage en douceur d'une sonde spatiale (*Mars 3*, URSS) sur la planète Mars.

1972

3 mars : lancement de la première sonde (*Pioneer 10*, É.-U.) pour l'étude de la planète Jupiter.

23 juillet : lancement du premier satellite civil d'observation de la Terre, *ERTS 1* (É.-U.), rebaptisé plus tard *Landsat 1*.

19 décembre : le retour sur Terre de l'équipage d'*Apollo 17* (É.-U.) - qui est resté trois jours et trois heures sur notre satellite naturel - marque la fin du programme d'exploration lunaire par l'homme. En trois ans et demi, douze astronautes sont allés sur la Lune et ont rapporté 381 kg d'échantillons de son sol.

1973

14 mai : satellisation de la première station orbitale américaine, *Skylab*. Sa masse est de 82 tonnes.

25 mai : début de la première occupation de *Skylab* ; elle va durer quatre semaines.

3 décembre : après vingt et un mois de voyage, *Pioneer 10* (É.-U.) est le premier engin spatial à s'approcher de la planète Jupiter et de quelques-uns de ses satellites naturels.

1974

8 février : retour sur Terre des derniers occupants de *Skylab*. Ils ont passé quatre-vingt-quatre jours dans l'espace. La station se désintégrera en rentrant dans l'atmosphère le 11 juillet 1979.

29 mars : la planète Mercure est, pour la première fois, survolée et photographiée par une sonde spatiale, *Mariner 10* (É.-U.).

19 décembre : lancement de *Symphonie 1*, premier satellite civil franco-allemand de télécommunications.

1975

15 mars : pour la première fois, une sonde spatiale, *Helios 1* (République fédérale d'Allemagne), s'approche du Soleil (à 47 millions de kilomètres seulement).

17-19 juillet : mission *Apollo-Soyouz* : première jonction dans l'espace entre un vaisseau habité soviétique (*Soyouz 19*) et un vaisseau habité américain (*Apollo 18*), suivie d'un transfert d'équipages.

22 octobre : première satellisation autour de Vénus et retransmission des premières images du sol par *Venera 9* (URSS).

Le sol de la planète Vénus photographié par *Venera 9*.

1976

20 juillet : atterrissage en douceur sur Mars du premier laboratoire scientifique, *Viking 1* (É.-U.), qui fonctionnera jusqu'en novembre 1982. Un second laboratoire, *Viking 2*, fera de même quarante-cinq jours plus tard (il se « taira » en avril 1980).

La surface martienne vue par *Viking*.

1977

29 septembre : lancement de la sixième station spatiale soviétique, *Saliout 6*. Elle connaîtra plusieurs occupations (par vingt-sept cosmonautes différents) avant sa rentrée (et sa destruction) dans l'atmosphère, le 29 juillet 1982.

23 novembre : mise sur orbite de *Météosat 1*, premier satellite météorologique européen.

1978

2 mars : pour la première fois, un homme qui n'est ni américain ni soviétique - le Tchécoslovaque Vladimir Remek - part dans l'espace (à bord d'un vaisseau soviétique).

1979

11 juillet : rentrée dans l'atmosphère terrestre de la station orbitale américaine *Skylab*.

1er septembre : près de cinq ans après son survol de Jupiter, *Pioneer 11* (É.-U.) est la première sonde à s'approcher de Saturne.

24 décembre : lancement de la première fusée européenne (*Ariane 1*). L'Europe devient puissance spatiale.

Premier décollage d'*Ariane*.

1980

18 juillet : première satellisation réussie par l'Inde (lanceur : *SLV 3* ; satellite : *Rohini RS 1*) qui devient puissance spatiale.

12 novembre : la sonde *Voyager 1* (É.-U.) passe à 130 000 km au-dessus du pôle Sud de Saturne et transmet d'excellentes images de la planète, de ses anneaux et de quelques-uns de ses satellites naturels.

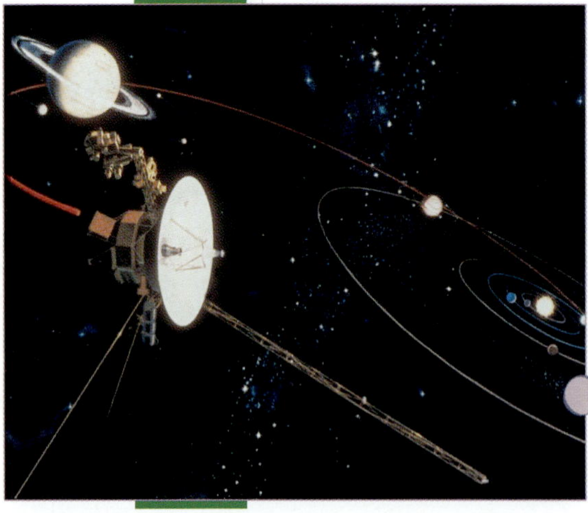

Une sonde *Voyager* survolant Saturne.

1981

12 mars : passager de *Soyouz T4*, le Soviétique Viktor Savinikh est le centième homme de l'espace.

12 avril : premier lancement de la navette spatiale américaine (orbiteur : *Columbia*).

Retour de l'orbiteur de la première navette.

1982

1er mars : pour la première fois, le sol de Vénus est analysé par une sonde spatiale (*Venera 13*, URSS).

2 juillet : retour sur Terre du premier spationaute français (et ouest-européen), Jean-Loup Chrétien, à l'issue d'une mission d'une semaine à bord de la nouvelle station orbitale soviétique *Saliout 7*.

10 décembre : au terme d'un séjour record de deux cent onze jours dans l'espace, Valentin Lebedev et Anatoli Berezovoï (URSS) reviennent sur Terre.

Les deux premiers spationautes français, Jean-Loup Chrétien (à droite) et Patrick Baudry.

1983

13 juin : la sonde *Pioneer 10* (É.-U.), partie le 3 mars 1972, est le premier engin spatial à atteindre l'orbite de Neptune, la planète alors la plus éloignée du Soleil.

28 novembre : emporté par la navette américaine, le premier laboratoire spatial européen, *Spacelab*, prend la route de l'espace pour une mission de dix jours.

1984 **7 février** : pour la première fois, un astronaute (l'Américain Bruce McCandless II) évolue dans l'espace, au moyen d'un « fauteuil spatial », sans être rattaché à son vaisseau. C'est le premier homme-satellite.

10-12 avril : pour la première fois, un satellite défectueux (*SMM*) est réparé sur place (au moyen de la navette américaine) et remis en orbite.

25 juillet : première sortie extravéhiculaire d'une femme (Svetlana Savitskaïa, URSS).

16 novembre : retour sur Terre des premiers satellites artificiels récupérés dans l'espace, *Palapa B2* et *Westar 6*, par la navette américaine.

Le premier homme-satellite.

1985 **11 et 15 juin** : pour la première fois, libération par deux sondes spatiales (*Vega 1* et *2*, URSS) - dans l'atmosphère d'une autre planète que la Terre, en l'occurrence Vénus - de deux ballons porteurs d'instruments de mesure.

17 juin : le deuxième spationaute français, Patrick Baudry, s'envole à bord de la navette américaine (orbiteur : *Discovery*).

2 juillet : lancement de *Giotto*, la première sonde spatiale de l'Europe, qui part à la rencontre de la comète de Halley.

30 octobre : pour la première fois, huit astronautes sont lancés simultanément par la navette américaine.

1986 **24 janvier** : la sonde *Voyager 2* (É.-U.) survole la planète Uranus et découvre une dizaine de nouveaux satellites naturels.

28 janvier : l'explosion de la navette spatiale américaine provoque la mort des sept astronautes (F.R. Scobee, M.J. Smith, J.A. Resnik,

R.E. McNair, E.S. Onizuka, G.B. Jarvis, S.C. McAuliffe) installés dans l'orbiteur *Challenger*.

20 février : lancement de l'élément central de la huitième station orbitale soviétique, *Mir*.

22 février : lancement de *SPOT 1*, premier satellite français d'observation de la Terre.

6-14 mars : cinq sondes spatiales étudient la comète de Halley, dont *Giotto* qui passe à environ 600 km de son noyau.

6 mai-27 juin : premier transfert d'un équipage (Leonid Kizim et Vladimir Soloviev, URSS) entre deux stations orbitales (de *Mir* à *Saliout 7*, puis inversement).

Photomontage de la rencontre de la sonde *Giotto* et de la comète de Halley.

1987

15 mai : premier lancement du superlanceur soviétique *Energia*.

1988

19 septembre : lancement du premier satellite israélien (*Ofek 1*) par une fusée israélienne (*Shavit*). Israël devient puissance spatiale.

15 novembre : premier et unique vol (sans occupant) de la navette soviétique *Bourane*.

21 décembre : retour sur Terre de Vladimir Titov et Moussa Manarov (URSS) qui viennent de passer trois cent soixante-six jours dans l'espace. À leurs côtés, le Français J.-L. Chrétien, dont la deuxième mission a duré vingt-six jours. Le 9 décembre, il avait été le premier Européen à travailler (pendant six heures) dans le vide.

La navette soviétique *Bourane*.

1989

5 mai : lancement de la sonde *Magellan* (É.-U.) en direction de Vénus.

8 août : mise en orbite du satellite astronomique européen *Hipparcos*, conçu pour étudier la position, le mouvement et la luminosité de plus de 100 000 étoiles.

25 août : la sonde *Voyager 2* (É.-U.) survole et étudie la planète Neptune ainsi que certains de ses satellites naturels (dont six inconnus jusqu'alors). Elle avait quitté la Terre douze ans auparavant.

19 octobre : lancement de la sonde *Galileo* (É.-U.) qui atteindra Jupiter en décembre 1995.

1990

25 avril : mise sur orbite du télescope spatial américain *Hubble*. L'Europe, qui a participé à sa construction et à son financement, est associée à son utilisation.

10 août : satellisation autour de Vénus de la sonde *Magellan* (É.-U.) pour la cartographie de la planète.

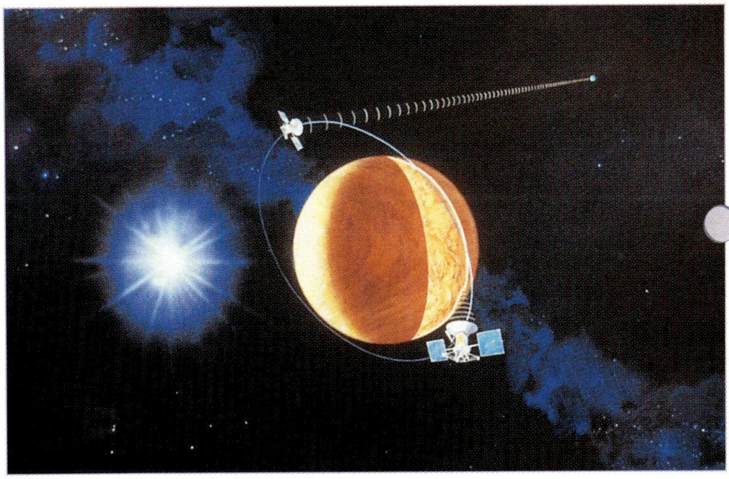

La sonde *Magellan* autour de Vénus.

6 octobre : lancement de la sonde européenne *Ulysse*, premier objet spatial destiné à étudier le milieu interplanétaire et l'environnement solaire en dehors du plan de l'écliptique.

2-10 décembre : pour la première fois, douze hommes sont présents simultanément en orbite terrestre (cinq dans la station soviétique *Mir*, sept dans la navette américaine).

1991

7 avril : mise en orbite de l'observatoire astronomique *GRO* (alias *Compton*), le plus lourd (16 t) des satellites scientifiques lancés par les États-Unis.

17 juillet : lancement de *ERS 1*, le premier satellite européen d'observation de la Terre.

29 octobre : pour la première fois, un astéroïde (Gaspra) est survolé par une sonde spatiale (*Galileo*, É.-U.).

1992

17 mars : premiers cosmonautes de la Russie (Alexandre Viktorenko et Alexandre Kaleri) - l'URSS a été dissoute en décembre 1991.

13-14 mai : première sortie extravéhiculaire conjointe de trois astronautes (T.D. Akers, R.J. Hieb, P.J. Thuot) pour capturer, réparer, puis libérer le satellite *Intelsat 6* (*F3*).

10 juillet : survol du noyau de la comète Grigg-Skjellerup, à la distance minimale de 200 km, par la sonde européenne *Giotto*.

10 août : lancement de *Topex-Poséidon*, satellite océanographique franco-américain.

1993

12 septembre : un des trois néophytes de l'équipage de la navette américaine est le 300e homme de l'espace.

16 septembre : pour la première fois, quatre hommes travaillent simultanément dans l'espace : deux Russes, à l'extérieur de la station *Mir* et, très loin d'eux, deux Américains, à l'extérieur de la navette.

28 octobre : le Russe Alexandre Serebrov est le premier homme à totaliser dix sorties hors d'un vaisseau spatial.

4-10 décembre : première réparation en orbite du télescope spatial *Hubble*.

Première réparation de *Hubble*.

1994

3 février : Sergueï K. Krikalev est le premier Russe à participer à une mission de la navette spatiale américaine.

4 février : premier vol réussi du lanceur japonais *H2*.

13 septembre : la sonde *Ulysse* (Europe) survole le pôle Sud du Soleil.

17 novembre : la station orbitale russe *Mir* aurait parcouru 50 000 fois le tour de la Terre.

1995

14 mars : Norman E. Thagard est le premier Américain à voler sur un vaisseau spatial russe.

22 mars : retour sur Terre du Russe Valeri Poliakov au terme du plus long séjour spatial de tous les temps (plus de quatorze mois) à bord de *Mir*.

29 juin : premier amarrage de la navette américaine (*Atlantis*) à la station russe *Mir*.

31 juillet : la sonde *Ulysse* (Europe) survole le pôle Nord du Soleil.

2 décembre : lancement de *Soho*, observatoire spatial solaire européen.

7 décembre : mise en orbite du premier satellite artificiel (*Galileo*, É.-U.) de Jupiter.

L'observatoire solaire *Soho*.

1996

17 février : lancement de la première sonde, *NEAR* (alias *Shoemaker*, É.-U.), destinée à l'étude des astéroïdes.

17 août : lancement du vaisseau russe *Soyouz TM 24*, avec Claudie André-Deshays, la première spationaute française (mission *Cassiopée*, durée : deux semaines).

26 septembre : retour sur Terre de l'Américaine Shannon W. Lucid, au terme du plus long séjour spatial féminin (environ 188 jours dans la station russe *Mir*).

7 novembre : lancement de *Mars Global Surveyor* (É.-U.), pour l'étude de la planète Mars.

16 novembre : échec du lancement de *Mars 96*, ambitieuse mission d'exploration de la planète Mars proposée par la Russie et réunissant des expériences d'une vingtaine de pays.

1997

4 juillet : atterrissage sur la planète Mars de la sonde *Mars Pathfinder* (É.-U.) qui va libérer (le 6 juillet) le premier robot mobile martien, *Sojourner*.

23 septembre : pour la centième fois, un lanceur *Ariane* (Europe) décolle de Kourou (Guyane).

Le robot *Sojourner*.

15 octobre : lancement de la sonde *Cassini* (É.-U./Europe) pour l'étude de Saturne et de Titan.

30 octobre : réussite du deuxième lancement d'*Ariane 5* (Europe).

Ariane, vol 502/101.

1998

14 janvier : le Russe Anatoli Soloviev effectue sa seizième sortie extravéhiculaire (totalisant ainsi plus de 77 h de travail dans le vide spatial, ce qui constitue un record).

20 novembre : la Russie met en orbite *Zarya*, premier élément de la *Station spatiale internationale*.

4 décembre : la *Station spatiale internationale* reçoit son premier équipage de visite.

Zarya (Russie) et *Unity* (É.-U.), les deux premiers éléments de la station *ISS*.

1999

7 février : lancement de *Stardust* (É.-U.), la première sonde spatiale conçue pour collecter et rapporter sur Terre des poussières de la chevelure d'une comète (Wild 2).

14 février : première satellisation d'une sonde (*NEAR*, É.-U.) autour d'un astéroïde (Eros).

31 juillet : sa mission étant achevée, la sonde *Lunar Prospector* (É.-U.) est volontairement précipitée dans un cratère du pôle Sud de la Lune sans mettre en évidence, comme espéré, la présence de glace d'eau.

27 août : fin de l'occupation permanente de la station *Mir* commencée dix ans auparavant.

2000

16 juin : fin de la dernière occupation de la station *Mir*.

2 novembre : encore en phase d'assemblage, la station *ISS* accueille ses premiers occupants (Expédition 1 : l'Américain William M. Shepherd et les Russes Iouri P. Guidzenko et Sergueï K. Krikalev). Depuis cette date, elle n'a pas cessé d'être occupée en permanence par des équipages se relayant en moyenne tous les quatre à six mois.

2001

12 février : pour la première fois, une sonde (*NEAR*, É.-U.) atterrit sur un astéroïde (Eros).

10-11 mars : deux astronautes américains (Susan J. Helms et James S. Voss) réalisent une sortie extravéhiculaire record de 8 h 56 min à l'occasion d'aménagements à l'extérieur de la *Station spatiale internationale*.

23 mars : destruction volontaire de la station *Mir*, qui brûle partiellement dans l'atmosphère terrestre, après quinze ans d'activité durant lesquels elle a effectué l'équivalent d'une vingtaine de fois la distance Terre-Soleil et transporté plus d'une centaine de passagers différents, certains étant venus plusieurs fois.

Vue d'artiste de la destruction de *Mir*, en rentrant dans l'atmosphère terrestre.

28 avril : le premier « touriste » de l'espace, Dennis Tito, en fait un riche homme d'affaires américain, quitte la Terre à bord d'un vaisseau russe (*Soyouz 2 TM 32*) pour rejoindre la *Station spatiale internationale* pour un court séjour qu'il a lui-même financé.

7 décembre : lancement de *Jason 1*, satellite franco-américain d'océanographie.

2002

1er mars : lancement d'*Envisat*, satellite européen d'observation de la Terre.

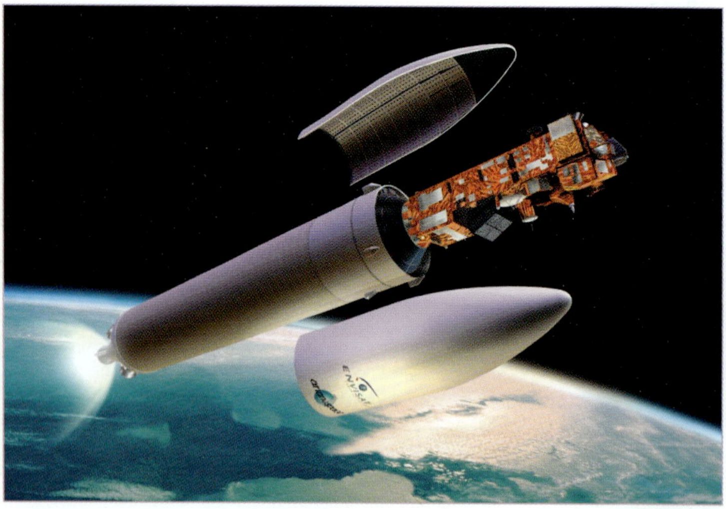

Le satellite *Envisat*.

4 mai : lancement de *SPOT 5*, satellite français pour l'observation de la Terre.

été : la sonde *Voyager 1*, lancée de la Terre en 1977 et à présent sortie du système solaire, se trouve à 12,8 milliards de kilomètres de la Terre (soit 85 fois la distance Terre-Soleil). C'est le plus éloigné de tous les objets fabriqués par les hommes. À raison de plus d'un million de kilomètres par jour, la sonde file vers les étoiles. Elle pourrait rencontrer la première d'entre elles dans… 40 000 ans ! Comme sa jumelle, *Voyager 2*, elle est destinée à voyager, peut-être « éternellement », dans la Voie lactée.

17 octobre : lancement d'*Integral*, satellite européen d'astronomie gamma.

30 décembre : lancement, par la Chine, d'une capsule habitable (mais non habitée), *Shenzhou 4*.

2003

1er février : sans doute endommagée au décollage, la navette américaine (113e mission, vol *STS 107*) brûle à son retour dans l'atmosphère terrestre. Les sept occupants de l'orbiteur *Columbia* (R.D. Husband, W.C. McCool, M.P. Anderson, K. Chawla, D.M. Brown, L.B. Clark, I. Ramon) périssent.

2 juin : lancement de *Mars Express*, sonde spatiale européenne pour l'étude de la planète Mars.

10 juin et 8 juillet : lancement vers Mars de deux sondes américaines, *Spirit* et *Opportunity*. Chacune d'elles transporte un petit robot mobile d'exploration, *Mars Exploration Rover*.

29 juillet : la *Station spatiale internationale* enregistre la millième nuit de son occupation.

27 septembre : lancement de *SMART 1*, la première sonde européenne pour l'étude de la Lune.

15 octobre : satellisation autour de la Terre du premier vaisseau spatial habité lancé par la Chine, *Shenzhou 5*, avec à son bord le « taïkonaute » Yang Liwei pour un voyage de vingt et une heures.

La sonde *SMART 1*.

Apogée : point de l'orbite d'un satellite artificiel le plus éloigné de la Terre.

Astronaute : selon la dénomination américaine et européenne, occupant d'un vaisseau spatial.

Atmosphère : enveloppe gazeuse qui entoure certaines planètes (Vénus, la Terre, Mars, Jupiter, etc.). Pour les habitants de la Terre, c'est elle qu'il faut traverser pour accéder à l'espace. Par ailleurs, c'est aussi l'air que nous respirons et qui est indispensable à la vie.

Capsule spatiale : petit véhicule (non réutilisable) utilisé pour transporter dans l'espace des animaux, du matériel ou des êtres humains. Expression aujourd'hui un peu démodée à laquelle on préfère vaisseau ou véhicule spatial.

Cosmonaute : selon la dénomination russe, occupant d'un vaisseau spatial.

Ergol : substance solide ou liquide utilisée dans un moteur-fusée.

Étoile : gigantesque boule de gaz très chauds qui émet sa propre lumière. Depuis la Terre, environ 6 000 étoiles sont visibles à l'œil nu la nuit : à l'exception du Soleil (dont la proximité et la chaleur entretiennent la vie terrestre), elles sont si éloignées qu'elles ne nous apparaissent que comme des points dans le ciel nocturne.

Fusée : unique véhicule capable de fonctionner (par réaction) dans le vide de l'espace. Synonyme de lanceur dans le langage courant.

Géostationnaire : se dit d'un satellite qui semble immobile au-dessus de la Terre, à la verticale d'une région donnée.

Gravitation : phénomène universel d'attraction mutuelle entre les corps matériels. En d'autres termes : la matière attire la matière.

Si les conséquences sont imperceptibles pour les petits objets - sur votre table, le couteau ne se précipite pas vers l'assiette ! -, en revanche elles sont spectaculaires pour les « objets » très massifs comme les étoiles ou les planètes.

À l'échelle cosmique, c'est la gravitation qui règle le mouvement des galaxies les unes autour des autres, la ronde des planètes autour du Soleil, la course de la Lune et des satellites artificiels autour de la Terre...

Sur Terre, la gravitation est responsable des « chutes » de toute nature : les fruits qui tombent des arbres, la pluie des nuages, les tuiles du toit, etc.

Gravité : force attractive générée par la gravitation.

Graviter : subir les effets de la gravitation. Tous les corps célestes gravitent autour d'un corps attracteur : la Terre et toutes les planètes dites solaires gravitent autour du Soleil, la Lune gravite autour de la Terre...

Impesanteur : disparition des effets de la pesanteur. Cette situation insolite, inconnue sur Terre, s'observe notamment dans un vaisseau spatial en orbite terrestre, lorsqu'il n'est soumis qu'à la gravité de la Terre.

Lanceur : selon la dénomination des spécialistes de l'astronautique, véhicule spatial qui transporte une « charge utile » (satellite, sonde, élément de station...) pour l'amener dans l'espace.

Navette spatiale : véhicule spatial - successivement lanceur, puis satellite - dont un élément (l'orbiteur) est récupérable et réutilisable.

Orbite : trajectoire décrite par un astre ou un satellite artificiel autour d'un corps céleste. Elle n'a aucune existence matérielle : c'est simplement l'ensemble des différentes positions que l'objet occupe au cours de son déplacement.

Orbiteur : partie d'un engin spatial restant en orbite autour d'un astre pour accomplir sa mission.

Périgée : point de l'orbite d'un satellite artificiel le plus proche de la Terre.

Pesanteur : sensation de « lourdeur » éprouvée à la surface d'un astre très massif (la Terre, Mars, la Lune...). Conséquence du phénomène de gravitation, c'est aussi la force qui nous retient à la surface de cet astre et qui nous donne un poids.

D'un point de vue physique, elle inclut, d'une part, la gravité de l'astre, d'autre part, sa rotation sur lui-même.

Planète : corps céleste massif, fluide ou solide, qui tourne autour d'une étoile. Neuf planètes tournent autour du Soleil. Mais, depuis 1995, plus d'une centaine de planètes (appelées exoplanètes) ont été découvertes autour d'autres étoiles.

Contrairement aux étoiles, les planètes ne produisent aucune lumière : elles réfléchissent celle reçue de leur étoile.

Satelliser : mettre en place un objet sur une trajectoire fermée autour d'un astre. La réussite de cette opération délicate exige de lui donner, en un point précis, au moyen d'un lanceur, une vitesse et une direction précises.

Satellite artificiel : objet fabriqué sur Terre mais destiné à fonctionner dans l'espace, le plus souvent en orbite terrestre.

Satellite naturel : corps satellisé de façon naturelle autour d'une planète. Plus d'une centaine de satellites naturels ont été découverts autour des neuf planètes solaires.

Sonde spatiale : véhicule spatial conçu pour l'exploration du système solaire.

Spationaute : selon la dénomination française, occupant d'un vaisseau spatial.

Station orbitale : vaisseau spatial de grandes dimensions permettant de longs séjours en orbite terrestre.

Vaisseau spatial : appareil conçu pour les déplacements dans l'espace.

Véhicule spatial : tout engin (fusée-sonde, lanceur, satellite, sonde, navette...) destiné à fonctionner dans l'espace.

QUELQUES OUVRAGES

pour se documenter et réfléchir

L'Espace
ouvrage collectif.
Coll. "Big Bang", Hachette Jeunesse - à paraître en 2004.

Les premiers Astronauticiens
Jean-Pierre Penot.
Coll. BT-Espace, Éditions PEMF - 2003.

La Lune, notre providentielle compagne
Jean-Pierre Penot.
Coll. BT-Espace, Éditions PEMF - 2003.

La Grande Encyclopédie Espace
ouvrage collectif.
Éditions Fleurus - 2002.

50 activités avec l'espace
C. Chaffardon/Cité de l'espace.
Éditions CNDP - 2002.

Dictionnaire de l'astronomie et de l'espace
P. de la Cotardière et J.-P. Penot.
Éditions Larousse - 1999.

30 mots clés pour comprendre... l'espace
Jean-Pierre Penot.
Éditions PEMF - 1999.

À la conquête de la Lune
J. Villain.
Éditions Larousse - 1998.

Atlas de géographie de l'espace
sous la direction de F. Verger.
Éditions Belin - 1997.

QUELQUES SITES INTERNET

http://www.cnes.fr/
http://www.cnes.fr/cnes-edu/welcome.htm
http://www.planete-sciences.org
http://www.esa.int/
http://www.nasa.gov/
http://www.cite-espace.com
http://www.astronautix.com/

Index

Index

En couverture :

Décollage du lanceur *Ariane 504*, vol 119, depuis le Centre spatial guyanais, à Kourou, le 10 décembre 1999. Il s'agit du premier vol commercial pour le lanceur *Ariane 5* qui a mis en orbite le satellite d'astronomie *XMM* de l'ESA.

© ESA/CNES/Arianespace, 1999

Bandeau (de gauche à droite) :

Image du film *Une femme dans la Lune*, Fritz Lang, 1929.

© Bibliothèque du Film

Iouri Gagarine, en avril 1961.

© AFP

(Les autres images sont extraites de l'intérieur de l'ouvrage.)

Crédits iconographiques

CNES : p.4, 9, 47, 72 *(haut)*, 73 *(bas)*, 88 *(haut)*, 89 *(bas)*; /**Ex-Machina** : p.5 ; /**J.-P. Haigneré, 1999** : p.7 *(haut)*, 12, 76 ; /**ESA/Arianespace, 2000. Photo : CSG, service Optique** : p.7 *(bas)*; /**J.-P. Haigneré, 1996** : p.15 *(haut)*; /**R. Claria, 1997** : p.15 *(bas)*; /**C. Bardou, 1996** : p.21 ; /**Illustr. D. Ducros, 2000** : p.22 *(haut)*, 58 *(bas)*, 59 *(bas)*; /**ESA/Arianespace, 2000** : p.22 *(bas)*; /**Illustr. D. Ducros, 1999** : p.23, 52, 55 ; /**Illustr. D. Ducros, 1998** : p.24 *(haut)*, 46 ; /**A. Paringaux, 1998** : p.25 *(bas)*; /**NPO Energia** : p.33, 72 *(bas)*, 73 *(haut)*; /**ESA/Arianespace, 1999. Photo : CSG, service Optique** : p.39 ; /**C. Bardou** : p.43 ; /**Distr. SPOT Image, 1994** : p.49 *(haut)*; **2002/Distr. SPOT Image. Base de données 3D à 2,5 m de résolution** : p.49 *(bas)*; /**Illustr. D. Ducros** : p.51 *(haut)*; /**ESA/Illustr. D. Ducros** : p.61 *(haut et bas droite)*; **CNES, 1999** : p.64 ; /**C. Haigneré, 2001** : p.78 ; /**ESA, 1997** : p.96 - **ESA** : p.6, 58 *(haut)*, 60, 91, 95 *(haut)*; /**CNES/S. Corvaja, 1999** : p.37 *(bas droite)*; /**ESOC** : p.41 ; /**NOAA** : p.48 *(bas)*; /**Illustr. J. Huart** : p.53 ; /**Illustr. D. Ducros, 2003** : p.61 *(bas gauche)*, 69, 70 *(bas)*; /**Illustr. D. Ducros, 2000** : p.70 *(haut)*; /**Illustr. D. Ducros, 2002** : p.98 *(bas)*; /**Illustr. J. Huart, 2000** : p.99 - **Éditions Mir, Moscou, 1967** : p.8 - **AKG-Images** : p.17 ; /**Johann Brandstetter** : p.19 - **Itar-Tass** : p.24 *(bas)* - **Nasda** : p.25 *(haut)* - **NASA** : p.26, 27, 28, 29, 57, 59 *(haut)*, 62 *(haut et bas)*, 65, 66, 74, 77, 79, 82, 84, 87 *(bas)*, 88 *(bas)*, 89 *(haut)*, 90, 93, 94, 97 ; /**CNES** : p.50 ; /**Ciel et Espace** : p.95 *(bas)* - **FSI** : p.36 - **M. Bordelon, 1999** : p.37 *(haut gauche et droite, milieu droite et bas gauche)* - **SIRPA-ECPA/Bonnet** : p.38 - **Cosmos/Matrix/L.** : p.44 - **Édimédia** : p.45 - **Météo France, Toulouse** : p.48 *(haut)* - **CLS Argos** : p.51 *(bas)* - **Plantu, dessin paru dans *Le Monde*** : p.54 - **DGA/EMA** : p.56 - **Konk** : p.63 - **Intercosmos** : p.68, 81 - **Tass** : p.80, 87 *(haut)*, 92 - **EC Armées** : p.83 - ***Izvestia*** : p.85 - **Ciel et Espace/L. Bret** : p.98 *(haut)*.

Recherche iconographique : Christiane FRANCHETTI.

Illustrations : Bernard NICOLAS, p.10, 18, 32, 34, 40 - Jérôme BERTRAND, p.30, 31.

Secrétariat de rédaction et corrections : Karine DELOBBE. ***Corrections :*** Elisabeth ANFOSSO.

Suivi éditorial : Jean-Louis LIENNARD.

Maquette, infographie : PEMF *(infographie, p.42)*. ***Maquette de la couverture :*** Studio Mango - PEMF.

Imprimé en France par : Imprimerie Moderne de l'Est (Baume-les-Dames, Doubs).

Dépôt légal : Novembre 2003

N° Éditeur : 2003/10157